乡村振兴战略下农村基本公共服务财政保障机制与政策研究

邓岳南　著

中国纺织出版社有限公司

内 容 提 要

乡村振兴是时代发展的要求，是推进社会进步的动力。我国实行的乡村振兴战略，造福了众多乡村。本书立足乡村振兴战略的时代背景，从理论上阐述了财政支持农村公共文化服务建设的必要性，为财政保障机制提供理论支撑。同时，描述分析了现阶段我国农村公共文化服务的供需现状及财政政策框架，将农村公共文化服务的供给和需求纳入整体的实证框架中。在供给侧，从宏观层面评估了农村公共文化服务建设的财政政策绩效；在需求侧，基于微观数据实证识别了农村公共文化服务财政政策需求优先顺序。

图书在版编目（CIP）数据

乡村振兴战略下农村基本公共服务财政保障机制与政策研究 / 邓岳南著. -- 北京 ： 中国纺织出版社有限公司，2022.12

ISBN 978-7-5229-0203-6

Ⅰ．①乡… Ⅱ．①邓… Ⅲ．①农村—公共服务—财政政策—研究—中国 Ⅳ．①D669.3

中国版本图书馆 CIP 数据核字（2022）第 254138 号

责任编辑：柳华君　　责任校对：高 涵　　责任印制：储志伟

中国纺织出版社有限公司出版发行
地址：北京市朝阳区百子湾东里 A407 号楼　邮政编码：100124
销售电话：010—67004422　传真：010—87155801
http://www.c-textilep.com
中国纺织出版社天猫旗舰店
官方微博 http://weibo.com/2119887771
北京虎彩文化传播有限公司印刷　各地新华书店经销
2022 年 12 月第 1 版第 1 次印刷
开本：787×1092　1/16　印张：9.75
字数：186 千字　定价：98.00 元

凡购本书，如有缺页、倒页、脱页，由本社图书营销中心调换

前　言

　　基本公共服务的实现不仅有利于保障居民基本生存的正常价值诉求，更利于帮助我们理解基层官员行为，增强互信，加快政府职能转变，财政保障农村基本公共服务的逻辑不仅源于财政的天然属性，更有利于我国未来经济的健康成长。财政保障农村基本公共服务的机制是一个系统，收入机制、投入决策机制、预算管理机制是其中最基本的三种机制，共同决定着农村基本公共制度。本书基于基本公共服务机制，研究了乡村战略下财政保障机制与其他公共服务供给机制的协调与配合。

　　本书创新之处在于立足乡村振兴战略的时代背景，从理论上阐述了财政支持农村公共文化服务建设的必要性，为财政保障机制提供理论支撑，描述性分析了现阶段中国农村公共文化服务的供需现状及财政政策框架，将农村公共文化服务的供给和需求纳入整体的实证框架中。在供给侧，从宏观层面评估了农村公共文化服务建设的财政政策绩效；在需求侧，基于微观数据实证识别了农村公共文化服务财政政策需求优先序；此外还采用了财政政策执行协商视角下的满意度分析来衔接供给与需求主体。在上述研究基础上，文章指出了乡村振兴战略下，我国农村公共文化服务建设财政政策的优化建议和相关配套措施。

　　在论述农村基本公共服务机制中，财政保障机制居于核心地位，主要负责协调关系，动员各利益相关主体增强投入的积极性。建立财政保障农村基本公共服务的良性机制，对于农村基本公共服务的健全和完善，以及弘扬科学精神、传播科学知识、提升人文素养和服务乡村振兴战略等具有重大而迫切的意义。

著者
2022 年 10 月

邓岳南同志简介

　　邓岳南，湖南环境生物职业技术学院副研究员，硕士，女，汉族，1978年3月出生，中共党员，湖南衡阳人，主讲《政府会计》《会计学原理》。主持省级课题2项，市级课题6项，发表科研论文30余篇，获得湖南省优秀教育成果1项，衡阳市优秀社科成果二等奖1项。

目　录

第一章 乡村战略下农村基本公共服务保障机制的理论阐述

第一节 农村公共服务建设财政政策的理论分析

近年来，我国经济稳步发展，税收收入快速增长，然而公共服务尤其是广大农村地区的公共服务并没有出现同步改善，有些地方甚至出现供给性贫困。显然，这与我国经济发展的步伐是不相吻合的，在国家富强起来的同时，利用财政手段让广大居民获得政府的基本尊重与关怀，不仅可以保障居民的基本生存条件与正常的价值诉求，更有利于提高政府的治理能力。

一、研究意义

近年来，政府加大对农村地区基本公共服务领域的投入，在社会养老保险、医疗合作、农村基础设施、农村文化建设、农村义务教育等领域的公共支出逐年增加，财政支出结构发生显著变化。但是，我国基本公共服务水平还比较低，城乡差距还比较大，有些贫困地区达不到国家政策所要求的水平，农村内部地区的差距也存在不断扩大的趋势。同时，我国的经济发展的国际化程度越来越高，其他国家的经济发展健康程度也会在一定程度上影响我国的经济发展，进而对我国农村地区基本公共服务改善产生不利影响。因此，在这种背景下，选择与加强对农村地区基本公共服务财政保障政策的研究具有以下三点重要意义。

第一，有利于解决广大农村地区公共服务需求增长与供给短缺的不均衡状况，促进居民需求机制形成，增加广大居民对公共服务需求的真实体验以及促使高层次公共服务需求的形成。本书主要以我国广大农村地区，尤其是基本公共服务短缺的农村地区为观察对象，分析其供求失衡的原因，在政府财政支出不断增大的条件下，考虑如何进一步在改善农村基本公共服务的基础上，通过居民需求表达机制的建立，引导居民参与基本公共服务供给，提升我国农村基本公共服务的水平与质量。

第二，有利于改善农村基本公共服务，从而可以保障居民的基本生存条件与正常的价值诉求，提高政府的社会治理能力。本书从基本公共服务供给状况出发，探究了财政保障机制的基本逻辑及财政保障机制与基本公共服务之间的关系，认为农村地区基本公共服务的改善将有利于提升政府在基层的社会治理能力。

第三，有利于帮助我们正确理解政府行为中的基层官员行为，增强互信，推进政府职能的顺利转型。本书探究了农村基本公共服务供给中的收入机制、投入决策机制与预算管理机制，通过入户调查的方式，从实证角度分析了农村基本公共服务供给中三种机制的运行状况，分析了农村基本公共服务供给中各相关利益主体的行为，尤其是地方政府行为，在当前推进政府转型与强化服务职能的大背景下，纠正地方政府在经济发展中的各种错误行为，引导其向服务方向转化。

当前，我国经济发展也遭遇了国际不利因素的影响，财政政策在运行过程中出现了制度边际效应递减现象，通过改善农村基本公共服务，启动与带动农村地区居民消费及消费升级，依赖消费需求来增强经济的自身发展能力。因此，通过财政来保障农村基本公共服务，不仅利于经济发展、利于推进政府转型、利于培养基层官员的服务品行，更利于保持农村地区的政治稳定。

改革开放以来，社会经济水平可以说是取得了巨大提高，而农村经济作为社会经济中的重要组成部分之一，对和谐社会的构建发挥着重要作用。基于农村发展角度来看，生产力得以发展的基础性条件便是生产关系，而生产资料作为生产关系的首要要素，一旦其与劳动人员相脱离便会对生产力发展起到限制性作用。为有效解决这一问题，生产资料公有制开始逐步建立，大大降低了生产资料和劳动人员脱离的可能性，进而对生产效率的进一步提高提供了良好保证。然而，认为只要具备生产资料公有制便能解决所有问题是一个错误的认知，并且也是不符合唯物辩证法要求内容，将其转变成现实背景条件还需经历一段过程，这就需要相关人员能够正确认识到社会主义条件下生产关系的客观性规律，充分掌握能将社会主义生产力转变成现实可能性的种种条件，从而能将生产资料和劳动人员紧密结合在一起。同时，农村生产力水平如何，还直接决定着生产关系性质和形态，通常无论是什么类型生产关系都有其一套固定模式，而社会主义背景下的生产关系就更是如此。

新时期发展背景下，虽然我国在城镇化发展方面加大了重视程度和资金成本投资力度，并且不断积极引进先进农村技术手段，促使农村经济活力得到大幅度提升，但仍存在着较多严峻问题，以下展开针对性阐述分析。

（1）农村农业发展基础设施较薄弱。根据相关调查显示可知，我国属于一个农业发展大国，农业占地面积约为9.30亿亩，然而其中中低产田占据了三分之二比例，有效灌溉面积仅为所有耕地面积的45%，尚且无法解决部分地区的吃饭问题。同时，农村科学技术的进步幅度总体来说也较低，与国外发达国家相比较而言存在明显差距，甚至农村交通、水利及电力等基础性设施条件也较差，这就需要我国政府能够继续加强对该方面的重视力度，促使农村农业基础设施能够得到有效更新优化。

（2）农村产品不具备综合竞争力。基于现阶段实际情况来看，农村大多数产品不具备国际市场综合竞争力，具体表现在以下两点：第一，质量水平较低。经过长期调查取证发现，我国农村大量农产品在市场竞争中都明显缺乏竞争优势，即使具备价格竞争优势，在质量方面也无法使购买者充分满意，进而根本不能走到国际。同时基于产品质量角度来说，大多数发达国家农产品含有营养成分也远远超出我国，如小麦中含有丰富蛋白质、大豆中含有丰富含油率等，都对我国农村农产品发展产生了强大冲击。第二，农产品加工较为滞后。若想有效提升农产品加工效率，便要具备先进的科学技术手段，但结合目前我国实际情况来看，农产品加工技术与国外发达相比较明显存在滞后特点，即使改革开放以来加工技术得到了大幅度提升，但总体来说还是处于发展初期阶段，甚至水平相当于发达国家 20 世纪七八十年代水平，只有极少数加工技术水平达到世界领先水平状态，这对农村经济水平提高都是非常不利的。

（3）农村劳动力总体素质水平较低。基于相关组织机构对农村劳动力发展的综合调查情况可以了解到，现阶段国际农村劳动力受教育程度平均已达到 12 年左右，而部分发达国家农村劳动力甚至已经达到 17 年、18 年，如美国、德国及法国等，这与我国实际存在差距便不言而喻。根据我国实际调查数据显示，直到 2007 年农村劳动力受教育程度仍在 7 年左右，远远无法达到国际平均年限标准，更不要说与发达国家进行比较，甚至在劳动力受教育程度之中，还包含着 6.9% 文盲、33.2% 小学水准，而大专及以上学历仅占据 1.4% 左右。由此可见，我国在农村劳动力这一方面与国外发达国家存在明显差距，再加上受教育水平总体较低，更容易对新事物缺乏接受理解能力，致使其科学技术水平和知识技能无法得到明显提升，只能怀着远观态度，不能积极主动开展农产品推广宣传，从而导致农村产品逐渐形成了这样一个固定模式，即人力资源较差—科学技术水平不能提高—生产效率较低—人才培养提高得不到重视—人力资源较差等。

（4）城乡居民收入差距较大。随着新时代的到来，我国城镇居民总体收入水平得到了明显提升，年增长率为 10.2% 左右，但相对而言我国农村总体收入却没有得到有效提升，仍然以以往平均 6% 速度缓慢增长，进而导致城镇和农村实际收入差距越来越大，该种现象不仅成为三农问题如何解决的关键所在，更成为国民经济增长的重要阻碍因素之一，对我国和谐社会的积极构建产生严重不利影响。

根据以上对农村经济存在问题的分析，我们可以通过以下措施进行改善。

（1）积极转变农村农业发展方式。若想最大限度提升农村农业经济发展水平，必须充分满足以下两点要求：

第一，提高农业质量和经济效益。为了促使农村农业发展模式有效转变，便要完全突破以往固有思想观念，积极树立全新思想理念，即将农业经济水平提高的质量和经济效益放在突出位置。同时在经济全球化发展背景下，我国农产品出口面临的问题越发严重，虽然其中也包含其他因素，但产品质量问题可以说是重要因素，因而这就需要及时进行农村发展方式转变，始终将农产品质量保证放在首要位置，进而全面提升农产品整体质量，为我国农产品进出口树立良好形象。

第二，制定相应土地保护制度。根据相关调查显示，目前我国农村土地浪费、毁坏等情况十分严重，因而需要政府机构能够不断加大农民珍惜土地教育的力度，并且充分做到以身作则，制定严格规章制度用于避免毁坏田地等不良行为出现，并且基于生态环境保护原则大力支持农民展开造田工作，从而全面提高农村经济水平。

（2）有效提升农村产品质量水平。农产品质量提高在某种角度上也能促进农村经济水平，因而就需加强对其关注重视，具体步骤如下：第一，尽可能选择优良品种。往往品种质量的好坏将直接决定着该农产品整体的质量水平，因而可以说优良品种就是农产品质量保证的首要基础，如国外部分发达国家就会通过先进科学技术手段展开优良品种培育工作，从而让其能够生产出质量更加优异的产品，带动经济水平快速提高。在此以以色列为例，该国家农产品品种大多为优良品质，其中西红柿平均年产量为200—300吨，而位于沙漠地区的柑橘更是达到平均年产量60—80吨，甚至还有部分农产品品种已经达到了世界领先水准。第二，大力倡导精准农业。所谓精准农业，主要是指将大力发展高效优质农产品作为主要目标的一项活动过程，又被称为节约型农业，其不但能充分保证化肥、农药等成分使用的精准性，还能节省大量原料，进而大大降低生产成本，实现生态环境有效保护最佳效果。第三，最大限度地提升农产品附加值。若想帮助农村发展获得较大经济收益，首先需要关注的便是产品附加值，基于调查显示，农村以往农产品主要是以初级阶段产品为主，占据总产品80%左右，而在生活质量飞速提高背景下，食物占据比例逐渐减小，这样一来，初级阶段农产品便无法充分满足农民的实际需求，进而需要针对其展开更深层次的加工生产，从而促使农民实际收入获得最大限度提升。

（3）大力倡导发展农村特色农业。对于现阶段农村实际发展情况来说，特色农业可以说是提高其经济收入的主要途径之一，需要充分满足以下两点要求：第一，树立良好品牌意识。基于经济学角度，品牌是具有一定隐性效益特点的，因而一旦当某一区域农村产品具有品牌特色，就能为农民带来较高经济收益，并且能大大提高该产品人气程度。根据相关调查显示，目前我国部分区域农产品已逐渐形成良好的品牌效应，如西湖龙井、吐鲁番葡萄等。第二，因地制宜。经过长期调查验证可以发现，市场竞争主要在于产品质量如何，并且还要促使自身产品具有一定特色，因而为了实现农村农业产业结构的有效调整优化，便要积极实施品牌战略决策，坚持走特色主义发展道路，只有这样才能为农民带来较高经济收益。除此之外，对于大多数农村来说，还要不断吸收借鉴国外先进农产品科学技术手段和宝贵经验，将自身农产品特色积极融入其中，进而产生具有该区域特色的农产品品牌。

综上所述，改革开放以来，城市化发展进程取得一定成果，在这种背景下，农村经济水平提高将逐渐成为我国综合实力提升的重要内容，因而就需要政府机构能够积极制定完善健全的惠农政策，在充分保证农民权益得到满足的基础上切实提高其实际经济收益，并且要不断加大对农民综合素质的教育培养，让其能够彼此互相影响、互相带动，从而推动农村产业逐渐朝着系统化和现代化方向发展，实现农村经济水平的大幅度提高。

二、基本概念认识

随着经济的快速发展和社会价值观念的转变，我国公共服务需求快速扩张，基本公共服务均等化已成为政府和公民高度关注的焦点问题。然而，这与现实中政府公共服务理念、公共服务体制建设滞后性和公共资源的有限性形成了尖锐的矛盾，加之我国初级阶段的经济发展结构性失衡、国家发展战略以及政策上的倾斜等因素，目前的公共服务供给水平和供给能力呈现出明显的区域、城乡、群体间的不平衡。综观理论界对基本公共服务均等化的研究，多是停留在什么是均等化、如何制定均等化的公共政策两方面，对基本公共服务概念的界定以及公共服务与公共品的概念的差异尚未达成一致。因此，我们先从学科范畴、研究路径、实践主体、表现形式角度区分公共品与公共服务，继而尝试从均等化角度理解基本公共服务与一般公共服务的区别，以期有助于基本公共服务均等化领域理论研究的不断完善。

（一）公共服务与公共品概念的差异

公共服务与公共品是两个不同的概念，不能将公共服务等同于公共品。但由于公共服务和公共品在消费上都具有一定程度的非竞争性和非排他性，因此也不能把公共服务和公共品完全割裂开来。正是因为两者之间存在着复杂的联系与矛盾，目前，学术界尚未产生一致公认的区分公共服务和公共品的标准与方法。笔者认为，既然公共服务和公共品的概念既有共性又有区别，不妨从学科范畴、研究路径、实践主体、表现形式等不同的角度分别进行解释和分析。

1. 学科范畴的角度

虽然公共品的概念最早是从政治学或哲学（伦理学）的角度论及的，但系统的公共品理论研究最早可追溯到19世纪末瑞典经济学家维克塞尔的著作《财政理论研究》。之后，公共品理论的研究一直在经济学领域不断发展。因此，公共品是一个经济学术语，又称为公共物品、公共产品、公共用品、公共商品等，应归属于"物品"的范畴。而公共服务最早可追溯到19世纪中后期德国社会政策学派的杰出代表瓦格纳极力主张的财政社会政策作用。1912年，法国公法学者朵品·狄照明确提出"公共服务"概念，并将其作为现代公法制度的基础。之后"公共服务"概念在社会科学中逐渐沉寂，直到20世纪50至60年代兴起的政策科学运动使其得以复兴，并成为政治学、行政学界研究的主题。因此,"公共服务"是一个政治学术语,应归属于"服务"的范畴。由于经济学领域中的公共品概念重视物品供给的效率问题,脱离了政治学基础,而公共服务继承了公共品的内涵,并汲取了政治学营养,因此,可将公共服务看作公共品概念在政治学上的回归。虽然所属学科不同,但两者却有紧密联系。从经济学角度审视"服务"的概念,可以发现"服务"是与"生产"相对的。根据产业结构的划分,第一产业是农业,第二产业是工业和建筑业,这两个物质资料生产部门的产品都具有实物形态。第三产业属于服务行业,不以生产实物的形式而以提供活劳动的形式满足人们的某种需求。从这一层面看,若把公共品进行"有形产品"和"无形产品"的划分,或者"一般公共品"和"制度性公共品"的划分,"公共服务"与"公共品"在内容上就有了很大程度的交叉,甚至可以把"公共服务"视为社会福利最大化意义上的"公共品"。

2. 研究路径的角度

在经济学语境中,公共品是以资源配置的对象出现的,公共品问题是导致市场失灵和政府干预经济的根源之一,公共品理论的研究着重考察谁来提供、提供什么、提供多少的问题,侧重于公共品供给的效率、技术和理性价值。而在政策语境中,公共服务是政策分析的核心概念之一。公共问题引发公共需求,而政府的职能就是以公共政策的形式提供公共服务来满足公共需求、解决公共问题。因此,公共服务的研究着重考察以政府为核心的公共部门如何通过政治程序决定公共资源的配置,或决定社会价值和利益在不同阶层、团体或个人中的分配问题,侧重于资源配置的公平、质量和利益维护。从这一层面来看,若把"公共服务"看作一种物品和劳务的产出过程,那么其内涵就超越了公共品,或者说"公共品"只是"公共服务"载体中重要的一种。一方面,政府提供公共品的根据是对公共利益的判断,物品只有与公共利益相关联,才能具有公共服务的属性;另一方面,从改良的角度讲,依据公共品的类型和价值创新公共品的生产和供给方式,将有利于提高公共部门供给公共服务的绩效。

3. 实践主体的角度

一方面,公共服务的实践主体包括供给主体和生产主体。英国学者霍布斯在1657年完成的《利维坦》中提出了社会契约论,认为国家的本质就是"一大群人相互订立信约,每个人都对他的行为授权,以便使他能按其认为有利于大家的和平与共同防卫的方式运用全体力量和手段的一种人格"。即政府的职能就是提供公共服务。在我国,政府就是公共服务的供给主体,但在环境复杂、社会差异性需求增多以及政府精力和能力有限等多重因素的影响下,政府会将物品生产责任以委托、出售、特许经营等多种方式交托给私人或第三部门,即公共服务的供给主体和生产主体可能不一致。但实际上,从主体的角度研究公共服务与公共品的区别,更多侧重的还是公共服务的供给主体。有学者从政府的角度,即根据政府的特性,从广义上将不宜由市场提供而由政府向公众提供的各种产品和服务均称为"公共服务"。另外，公共服务供应的主体资格一般依据公共权力获得，服务型政府应以公共利益、社会公正、民众满意度作为公共服务活动的目标归宿和服务质量的评判标准。因此，公共服务更倾向于价值层次和公平角度的考量。而公共物品生产的主体资格在法律和专业技术允许的范围内，一般依据效率原则或通过市场化竞争获得，多是从物品的特征和效率角度进行考虑。

4.表现形式的角度

公共品通常被认为是具有实物形态的产品，再进一步，也只能表现为一种有形的或者无形的准物质性产出。而公共服务是指政府利用公共权力或公共资源为民众的直接需求提供保障的活动过程，更多表现为一种抽象而笼统的政府活动的集合体。例如，基础教育中，学生接受的教育服务可以看作一种准公共产品，但在政府供给基础教育的过程中体现的公共服务却远远不止学生接受的教育本身，还包括政策规则的制定、人才培养机制的设计和运行、校风校纪的监察和维护等。然而，政府无论提供公共品还是公共服务，涉及的都是公共事务。但政府提供公共品是为了提高资源配置效率，依据的是公共品的物质特性，并不对公共事务进行区分。实际上，公共事务又可分为主权事务和人权事务，而公共服务是维护基本人权的活动，实现普遍人权才是公共服务的价值基础。

基于以上比较，从物质属性和社会属性两个层面出发，公共品指的就是这样一种物品：其供给是为了满足公共领域的需求，即为了实现不确定多数人的共同利益，其效用在不同的消费者之间不能分割，任何消费者对该种公共品的消费都不会削弱或减少其他消费者对同一公共品的使用。公共服务是社会公众生存和发展的共同直接需求，由以政府为主体的非营利组织部门借助公共权力、公共资源来提供的各种产品和服务，以及提供产品和服务的活动过程。在此过程中，政府履行了不同于经济调节、市场监管、社会管理的第四大职能，公民的各种具体的直接需求也得以满足。我们可以认为，公共服务在本质上与公共产品等同，但在外延上，公共服务大于公共产品，也更加强调供给者的公民本位理念以及与需求者之间的互动关系。

（二）基于均等化视角理解基本公共服务

即使在目前新公共管理运动和公共服务提供方式多元的趋势下，政府仍然是基本公共服务的"最终"供应者，对全体公民的基本人权和生存发展状态负有终极责任。相对于一般公共服务而言，基本公共服务的特殊之处在于：它解决的是政府在特定阶段应提供何种公共服务的问题，是政府在一定历史时期提供公共服务的阶段性目标。理解基本公共服务应把握以下三点。

其一，基础性。基本公共服务对应的是社会公众的低层次、直接的、迫切的公共需求，是与人权、民生直接相关的公共服务，国家必须承担责任并予以切实保障。安体富等认为，基本公共服务是指"与民生密切相关的纯公共服务，除去基本公共服务以外的服务，都属于一般公共服务，如行政、国防、高等教育、一般应用性研究等"。赵佳佳认为，"基本公共服务是基于民生层面提出的，旨在通过发展社会建设以供给覆盖全体公民、满足公民对公共资源最低需求的服务，具有较强的改善民生的目的性"。

其二，同质性。不同地区、不同阶层和不同收入水平的公民，都能无差异地获得和享受同样质量的基本公共服务。陈海威、田侃认为："基本公共服务是以保障公民基本人权为主要目的、以均等化为主要特征、以公共资源为主要支撑的公共服务，其提供的服务对全体公民中的任何一员都是一样的，具有无差别、均等化的特点。"

其三，阶段性。基本公共服务的范围存在一个动态的发展过程，会随着时间、地点的变化而变化，并且基本公共服务的提供要与一定的经济发展水平和公共财政能力相适应，也与社会的共同价值信念有着密切联系。中国（海南）改革发展研究院认为："基本公共服务规定的是一定阶段内公共服务应该覆盖的最小范围和边界。"

基于以上理解，无差别、均等化的特点以及再分配效应，基本公共服务成为保障人权、促进社会和谐的有效手段。从这个角度看，在政府提供的众多公共服务中，纳入基本公共服务体系的公共服务的供给水平应该均等化。

在当前形势下，政府要实现基本公共服务均等化必须明确几个问题：谁与谁之间应该均等化？哪些方面应该均等化？均等化的阶段目标如何确定？笔者认为，基本公共服务均等化首先必须考虑的是区域和城乡层面，因为中国最突出的矛盾就是经济发展的地区差距和二元结构下的城乡差距。基本公共服务均等化的内容应涉及底线生存、公众发展、基本环境和基本安全四个方面。政府应建立动态的均等化目标：首先，建立最低保障性基本公共服务体系；其次，逐渐扩大到"大致均等"的水平；最后，全面实现结果均等。为进一步理解均等化的阶段性要求，可以从技术性质、生产消费性质、受益范围等方面对基本公共服务进行再分类。首先，按照政府供给的技术性质可将基本公共服务分为纯基本公共服务和准基本公共服务。前者主要是指政府供给的制度性和节约性的基本公共服务，如义务教育、公共卫生、公共安全等；后者指的是部分允许市场机制参与供给的基本公共服务，如交通运输、邮电通信等。其次，按照基本公共服务的生产消费性质可以分为生产性、消费性和综合性三类。生产性基本公共服务相当于一种生产要素，是一种中间投入品，如公共基础设施；消费性基本公共服务相当于一种单消费品，是一种终端产出，如社会保障；综合性基本公共服务介于前两者之间，兼具生产性和消费性，如基础教育。

至此，理解基本公共服务均等化，应该把握以下三点：其一，基本公共服务强调的是"底线均等"，这一目标会随着社会需求的变化和经济发展，依据财政能力不断调高，使区域之间、城乡之间、群体之间的基本公共服务差距逐步缩小。在短期内，政府应该着重关注西部地区、农村地区和弱势群体，保证他们能够享受最低标准的基本公共服务。

其二，基本公共服务供给应坚持以政府为主导。一方面，基本公共服务供给领域的市场失灵和社会失灵决定了政府必须担起"托底之责"，保障全体公民的基本人权；另一方面，政府主导并不等同于政府垄断，均等化也并不意味着所有的基本公共服务都由政府无偿供给。其三，基本公共服务均等化是一个动态过程，在目前财力有限、体制不健全、多重差异并存的复杂国情下，只能依据经济发展水平和政府财力，分阶段确定基本公共服务的内容和目标，逐步扩大服务供给范围，提高公共服务质量。学术界对于基本公共服务、公共服务的关注具有多角度、多层次的特点，在《国务院关于印发国家基本公共服务体系"十二五"规划的通知》文件中列出了九类基本公共服务，本书主要基于两个基本认识来确定关注的主题：一是从人的最基本的需求来探求基本公共服务核心与关键的内容，而不求全面的内容描述；二是从我国财政实践层面来分析保障这些基本公共服务的逻辑起点是基于社会公平。因此，本书中重点关注教育、医疗卫生、养老等最基本的公共服务，同时，农村生产设施及生活设施的部分服务也是本书研究关注的重点。

第二节　农村基本公共服务财政与社会福利

公共权力作为整个社会的控制器，其职责在于提供公共服务及社会正义的核心价值，正如经济学家指出的那样，"公正是社会制度的首要品格"，在中国经济高速增长的今天，多种价值观念交织融合，混淆了人们的视线与判断，而政府最紧迫的任务就是实现真正的公平增长，使居民能够一同分享经济增长的果实，感受来自政府关心所带来的社会福利。

一、居民收入差距的扩大影响了居民对政府社会福利改善的感受力

社会财富多并不意味着社会福利水平就高，相反，如果较多的社会财富被较少数人以不同的方式占有，即便个人或家庭从绝对量上占有较多的社会财富，其幸福值也未必有较大改善。从 20 世纪 90 年代开始，我国社会中收入分配不公的现象日趋严重，居民间、城乡间及行业间的差距持续扩大，并引发消费萎缩和居民主观幸福感下降等问题，民众心态和学者研究表明我国居民的再分配偏好已到了较高水平，但是，缩小居民收入差距不仅是为了实现道德层面的公平，而是有着更为深远的经济含义。因此，在探究缩小居民收入差距的税收政策的形成过程中，必要的前提是厘清导致居民收入分配差距扩大的原因。顾名思义，居民收入分配差距主要是指居民在收入分配方面所形成的差距，理论上一般用基尼系数来度量分配的不公平程度，但是，差距的大小还受到来自居民主观心理感受因素的影响，因此，导致居民收入分配差距扩大的原因总体上来说可以从收入与支出两个方面来探究。

首先，从收入方面来看，居民收入来源及其增长速度有限。尽管近些年来城乡居民人均收入均有不同幅度的增长，但居民收入在国民收入初次分配中的占比却连年下降，

存在明显的"一高一低适中"特点，即政府所得比较高，居民所得比较低，企业所得比较适中。多数研究者认为，只要提高居民收入在国民收入初次分配中的比重，收入差距等诸多问题就可迎刃而解。从长远及市场经济发达经济体的成功做法来看，这确实是解决问题的好策略。但我们又发现，调整国民收入初次分配比重绝非一日之功，日益扩大的居民收入差距不仅制约了我国经济发展，更对社会产生了一定的不良影响。笔者认为，从居民个体的收入角度来分析，两个市场（产品市场和要素市场）存在的不对等是制约收入增长的主要因素。由于惯性抑或其他原因，政府对经济干预的强势不仅影响了一般居民依靠自身要素获取收入，在某些领域甚至形成新的功能性剪刀差，而且政府凭借其在市场中的地位，对一般中小企业经营者也形成了威胁，挤占了其生存空间及获利能力。因此，总体而言，一方面，居民收入来源及其增长速度有限；另一方面，却出现财富快速集中及集中后出现的社会不适感现象。

其次，从支出角度来看，居民的实际支出增大及其支出预期没有得到较好改善。对于一般居民而言，其赖以生存的所有资源基本是依靠自身要素换取货币后再到市场中交易获得，一般居民只能用在要素市场中获得的不公平报酬到产品市场中按照市场交易规律给付市场价，显然，一般居民入不敷出完全是因为两个市场的不对等。同时，对于一般的中小企业经营者而言，其收入尽管比一般居民会有所改善，但在企业经营过程中要面对较高的市场交易成本，这间接地影响其收入增长的可持续性。而对于全体居民尤其是城镇居民而言，除了这两类支出外，还需要承担较高的公共服务成本。

从上述居民的一收一支情况可以看出，居民收入差距扩大的原因固然很多，但如果政府在假定其他条件不变的情况下，可从基本公共服务入手改善居民的社会不适应感，提升幸福感知力。而反之，如果财政政策作用不到位，则这种差距的扩大势必会严重影响居民心里感受幸福的能力，从而加大日后财政调控的难度。

二、政府公共服务供给与居民纳税遵从的基本关系

在市场经济较为成熟的经济体内，税收—公共支出间的直接对应关系与政府之间形成了良性的循环关系，居民对税收的表达态度从被动变为主动，居民普遍享有较好的公共服务。

文化、制度等因素是影响纳税遵从的重要因素，但是，随着经济的发展与社会的进步，人们越来越发现税收与公共服务之间应该存在某种"对价关系"，且它们间的等价程度将在很大程度上决定着公众的纳税遵从度。一般而言，政府公共服务供给与纳税遵从之间存在正向的相关关系，在公共服务供给数量较为充分、质量较好的国家内，公众偷逃税的概率大为降低，纳税遵从度普遍较高;而在公共服务供给数量与质量次之的国家内，税收征管成本、偷逃税率往往较高且屡禁不止。

公共服务是提高人的可行能力的重要条件。人类的发展实际上可以认为是个人的全面发展，而人要实现全面发展，在健康、教育、就业、环境、人口、社会保障、安全等公共服务方面有着共同的诉求，更为重要的是，这些公共服务不仅在经济上具有强烈的外部性，而且单个的个人无法通过自身能力来享有高质量的公共服务。因此，在一定范围内，由政府有组织地通过税收方式来提供这些公共服务，不仅具有经济逻辑性，更合乎政权生存的逻辑，高质量的公共服务如果由政府来提供，可以使整个国家公众可行能力得到极大提升，公众往往会选择纳税遵从来表达对政府公共服务的良好评价。

纳税遵从度的高低是纳税人评价政府提供公共服务优劣的客观指标。在现代国家里，政府是服务型政府，政府与公众间的权利与义务相互间形成一种契约式关系，其权利的大小完全来自公众的授权，为公众提供应有的公共服务是这种契约关系的重要内容。维克赛尔认为，公共服务的供给应通过个别税收来筹资，且每人在总税额中应纳份额应与他从该公共物品消费中所享有的效用价值相等。因此，在现代税收理论中，税收通常可以看成是公共服务的价格，是纳税人为了改造世界的必要生产条件而向政府支付的"社会成本"，纳税人接受政府公共服务强制税收融资的前提条件是其支付的税额与其所享用的公共服务效应大体匹配，好的政府提供的公共服务可以促使政府部门与纳税人建立良好的互动关系，进一步来说，如果纳税人从公共服务中得到的效应与其所承担的税收负担不匹配，不利于提高其可行能力时，纳税人可能会选择纳税不遵从来表达其对公共服务的评价。

政府提供公共服务更有利于体现和实现社会公平。一是可以促使社会公平的实现，政府公共服务是对服务消费者的补贴，可以缩小居民收入差距，也可以保障低收入群体的基本生活，还可以为各个市场经济主体提供一个健康发展的市场环境。二是可以促使税收公平的实现，随着公民依法纳税意识的增强和税收意识的改变，在公民依法纳税与政府提供公共产品、服务这对互换关系之间，大家更关注政府提供的公共产品和服务的能力与水平，否则就违背了税收公平的原则。当前宏观经济形势下，我国公众主观幸福感的下降与包括医疗、教育、养老、生产成本及未知情况下的生活成本在内的"大额刚性支出"有密切关系，假定公共服务成本降低，"大额刚性支出"额度预期将大大降低并在较长时期内保持稳定，这不仅有利于生产者信息的自由流动，降低社会交易成本，而且有利于消费者消费信心的建立，促进经济的健康发展，增强社会的公平感，从而提升纳税遵从。

因此，从上述论述中我们知道，公共服务尤其是基本公共服务的供给主要是通过影响居民感知幸福力与纳税遵从，进而表达自己对政府公共服务供给的评价，而如果政府能够通过财政手段，改变现有财政支出中的某些结构偏向，居民的上述两方面行为将有利于政府目标实现，也有利于社会整体福利的改进。

三、新公共服务理论及其对我国公共服务改革启示

新公共服务理论非常重视民主公民权理论，将民主公民权理论作为自身的重要理论基础，但它实际上是对公民参与权和公共责任的再度复兴。卢梭认为公民是这样一种人，即非常看重社区利益。因此，公民通常把民主公民权理论看作对其所做的许诺，保证其对公共事务的参与。公民会把公共利益至于最崇高的地位。民主公民权理论的重要观点，极大地丰富了新公共服务理论的内涵。

现代社会，社区逐渐在人们的日常生活中扮演着越来越重要的角色，这主要是由以下两个方面的原因造成的：一是科学技术的快速发展，给人类文明带来进步的同时也使道德出现问题，人们试图通过社区来找回失去的社会美德。二是市场化的快速发展的同时也带来了一系列令人担忧的问题，因此人们就把希望寄托在社区之上，期望通过社区让人们能够有所变化，过去失去的责任感能够通过社区再度回归。社区具有多面性，所以人们对其关注的点也不尽相同，但是尽管这样，人们仍然拥有一个大体相同的看法，即社区的建立是以个人和集体之间的相互依赖、相互协作为基础的，它通过个人和集体之间及时有效的沟通，在集体和个人之间起着调节作用，并且保持个人和集体的一致性。随着社会的发展，公民的力量日益崛起，发挥着越发重要的作用，为此，社区和公民社会的建立是政府必须要做并且是必须重视的一件事，它可以在政府调节公民与社区之间关系的过程中发挥关键性的作用。

组织人本主义将人的价值放在非常重要的地位，将其视为自身的出发点和归宿。组织人本主义理论主张人要积极大胆地追求自己的需求和幸福，在此过程中不断地实现自我价值。组织人本主义要求人们在分析问题和解决问题时要确立起人的尺度，树立起人本意识，提供人性化的服务。由于组织人本主义理论不仅有利于个人的成长和发展，而且使得团体能够更加有效地面对复杂的外界情况。因此，组织人本主义理论也成为支撑新公共服务理论的一个重要的理论基础。

后现代主义认为，在这个复杂纷繁的后现代社会当中，各界的依赖性不断加强，因此，治理必定要以各种团体各种身份之间公开和有效的对话为基础。从理论上看，后现代主义的话语理论描述了这样一个景象，在其中，人们都可以参与到民主当中来。从实践上看，后现代主义的话语理论也强调了自主参与的重要性。只有那些以实际行动参与到民主过程当中的人，才能对公共管理发挥实际的作用。

新公共服务理论是整合了一系列有关社会科学研究方法、政治哲学理论、公共服务理论、政府理论的基础上形成的一套完整的理论体系，其基本内容大概包括以下几个方面。

（一）公共服务中的政府角色

新公共管理理论认为，政府在公共服务中要做的应该是掌舵而非划桨，而新公共服务理论却与之有着明显的分歧。新公共服务理论认为在现代生活的复杂性和多样性的背

景下，政府要发挥掌舵的功能基本上是不可能的，而一些意图为社会和政治生活提供方向指导的政策则是许多不同的组织相互协作的结果，是许多想法碰撞出的火花。新公共服务理论认为，政府在行政过程中发挥的作用应该是提供服务，应当是与私营组织相互协助，共同寻找问题的解决办法，而不是充当一个"指挥者"的角色。

（二）公共服务中的效率观

不管是传统公共行政还是新公共管理，在效率观的问题上都拥有着相同的态度，都非常重视效率。两者都分别采用了不同的方式来追求效率，传统公共行政理论认为韦伯的官僚制可以帮助其达到目的，但是在具体的实践当中却是事与愿违，因此人们不得不放弃了这一道路，而新公共管理则把希望寄托在公共选择理论上。新公共服务理论却拥有不同的观点，认为不应该一味地重视生产率，而应该把人放在首要位置，注重人的感受和需求。新公共服务理论还认为政府提供的公共服务本身就具有满足公民需求的价值，并且其内在蕴含的价值观可以促进人的发展，以达到提高效率的目的。

（三）公共服务中的责任控制

能否建立一个负责任的政府在很大程度上决定着公共服务的提供问题。传统公共行政认为，公务员必须保持中立，以及必须对政务官负责，只有这样才能更好地解决责任问题。而新公共管理理论认为，私营部门中的绩效测量是一个控制责任问题的有效手段。新公共服务理论则始终认为公共利益应该受到更多的关注。珍妮特·登哈特和罗伯特·登哈特认为，责任问题是个极其烦琐和复杂的问题，他们反对新公共管理的做法和观点，认为利用绩效测量来控制责任问题最终将会导致民主责任的简单化。公共服务中的责任问题，意味着要对一个负责的外部控制网络中的竞争性规范和责任进行平衡，它涉及公民偏好、职业标准、公法、道德问题以及最终的公共利益。

（四）公共行政中的领导观

新公共服务理论将领导问题也当作一个重要的研究对象，并对其做了大量的研究。传统公共行政理论对领导的理解就是一个站在金字塔顶尖上的权力和责任中心，通过运行官僚制，进行自上而下的层级领导。新公共管理理论则主张把市场的作用发挥到最大化，利用市场的功能取代传统公共行政理论所运行的规则，因此，在新公共管理当中，更多的是强调市场的激励机制和结构，而领导的地位和角色则处于劣势地位甚至是就此消失。新公共服务理论认为，领导的运用已经不再局限于对公民个体的控制和激励，它的运用范围已经扩展到对团体、组织甚至是社会的领导，并且它也不再是高级官员所拥有的特权了。

第三节　财政保障农村基本公共服务的逻辑

随着我国市场经济的加速发展，市场化进程中出现了一些事关百姓基本生活、基本教育、基本医疗、基本卫生服务等方面的问题，与其他成熟市场经济体相比，我国的供给不仅存在总量偏少的问题，更存在较为严重的地域差异。因此，在实践领域与理论研究领域都要求政府能够担当提供基本公共服务的重任，尤其是要加大对农村地区的投入，因为我国目前正处于利益关系调整的关键时期，无论是日益突出的城乡差距、区域差距还是社会阶层之间的差距，都与基本公共服务的不均等直接相关。然而，基本公共服务又不是单纯的经济范畴内的问题，而是涉及政治学、伦理学等多个学科的命题。我们有必要对政府利用财政手段在现有背景下保障农村基本公共服务的逻辑进行探讨。

从宏观经济学的角度来看，经济增长决定于总供给与总需求，总供给的增长依赖于潜在产出的增长和生产成本的降低；总需求的增长依赖于居民消费、政府支出、投资和净出口四个部分的增长。从供给层面来看，潜在产出的增加与成本的降低在短期内是很难改变的；而从需求层面来看，通过一系列正确的政府支出政策措施安排，需求有可能在短期内恢复并促使经济增长，但要形成经济持续增长的动力则依赖于居民消费、投资与净出口，而居民消费与净出口归根结底是居民消费需求。因此，经济的自主性增长动力来源于潜在产出的增长、生产成本的降低以及居民消费的扩展。就我国目前的情况而言，通过提高人力资本、强化自主创新等来降低生产成本与增加潜在产出是一个长期努力过程，居民消费中净出口也很难在短期内恢复。因此，我国经济在很长一段时间内的自主性增长因素必将来自国内居民消费的贡献。

2020年，我国经济发展继续前行且取得不俗成绩，GDP达到1015986亿美元，成为仅次于美国的第二大经济体，国际货币基金组织认为中国经济增长对全球经济增长发挥着重要作用，在2020年内对全球经济增长的贡献超过1/4，而这种贡献主要来源于国内强劲的需求拉动，可以预计，随着我国经济"V"形态势的回升及美国等主要贸易伙伴国经济复苏步伐慢于中国复苏步伐，我国未来内需增长是社会总需求的主要贡献源。自1996年成功"软着陆"后，在相当长的时期内，我国经济的发展主要依赖"三驾马车"的贡献，但在2008年危机后，我国单一的经济增长源已难以持续，政府投资不仅面临财力约束，更面临效率约束，内需成为我国未来经济增长源，这不仅是国内外经济形势变化的结果，更是经济持续、健康、稳定发展的必然选择。然而，我国消费率尤其是居民消费率偏低无法支撑GDP的持续增长，2009年最终消费对GDP的拉动为4.6个百分点，对GDP的贡献率达52.5%；资本形成对GDP的拉动为8.0个百分点，对GDP的贡献率为92.3%；净出口全年呈负拉动作用，对GDP的拉动为-3.9个百分点，贡献率为-44.8%。

显然，作为中间需求的政府投资规模过大，不仅会消耗更多的社会资源，也会产生一些结构性问题，甚至会直接给宏观调控带来矛盾性困境。因此，回归到以最终消费需求来引导经济增长的路径成了某种必然。然而，我国居民消费的启动与扩大还面临一系列结构性因素制约，从理论上分析，提高收入、降低边际消费倾向是比较现实的一条路径，近年来，我国城乡居民收入持续增加，内需问题一直困扰政策决策层。如何进一步扩大内需，解决的出路还在于谨慎预期与社会交易成本两个方面，笔者认为，就目前的情况来看，降低社会交易成本在某种程度上不仅会产生收入效应，更有利于建立居民的稳定预期，从而产生释放性消费能力。而要实现这一点，良好的基础设施与公共服务是必要条件，通过多年来的努力，我国基础设施有了较大的改善，但与之同等重要的公共服务没有得到明显有效的改善。因此，在外需萎缩、政府投资需求面临经济启而不动甚至导致更深层次的结构性问题的时候，通过降低公共服务成本来提高居民最终消费率就提上了议事日程。公共服务是市场经济的基础，是决定居民消费的重要因素，"十三五"时期，我国应进一步扩大政府公共服务支出规模，大力调整收入分配结构，统筹协调公共服务发展与社会转型、经济增长，为居民消费扩大和国民经济平稳较快增长创造良好的条件。从实际政策操作层面来看，投资与消费作为撬动经济发展的两个重要工具，投资率往往会得到重视，尤其是经历 1998 年及此后多年的积极财政政策调控之后，我国经济增长有过多依赖政府投资的趋向，国内居民消费需求、外需对经济增长的贡献较小，尤其是国内居民消费，近年来不升反降。以最终消费率来看，1978 年我国最终消费率为 62.1%，2017—2020 年最终消费率分别为 61.1%、59.8%、58.2% 和 55.5%，到了 2017 年这一比率更是下降为 49%。近 10 年来，我国这一比率平均为 58.5%，远低于世界平均消费率。从经济学原理来看，偏低的消费率不仅不能支持产业结构升级，更难为经济走出低谷提供可持续性的动力。

居民消费尽管受到来自收入之外的其他多重因素的影响，但从根本上来看，绝对收入及消费者预期是影响居民消费的两大主要因素，假定居民收入不变，公共服务成本的高低将直接影响居民的收入状况与其对未来支出的预期，其内在的机理依然是通过需求与供给来传导的。

一、公共服务对扩大居民消费的内在机理

（一）公共服务成本降低将直接对居民产生替代效应与收入效应

居民消费效用的大小大致来自两类产品：一是公共产品；二是私人产品。按照萨缪尔森的均衡条件，居民消费效用大小在假定私人品不变的情况下取决于公共产品的贡献，而公共品成本的高低左右着边际替代率之和与边际转化率。因此，如果降低公共服务的成本，将直接产生替代效应与收入效应。在产生收入效应的情况下，公共品与私人品两者间的比价关系没有发生改变，但在较高预算线下实现均衡，对经济将会起到一定的拉动作用；而在替代效应的情况下，即便在居民收入不增加的情况下，替代效应的发生也容易改变消费者的消费决策，一方面消费者因为替代效应可能会增加对私人品的消费，另一方面也可能增加对公共品的消费，而无论哪类产品的消费，其对经济增长的贡献来

自消费者的自愿选择，消费者偏好得到尊重不仅会促使经济增长，而且会使经济在正常的轨道中健康运行。

（二）公共服务成本的降低将直接稳定居民的消费预期

在成熟的市场经济体内，绝对收入或相对收入的增加将有利于增加消费，但其暗含的前提是制度较为健全，消费者面临的未来不确定性较少。经济学家布兰查德、费舍尔将消费者在面临不确定性时推迟消费、增加储蓄的行为称为"预防性储蓄"。我国学者认为，消费需求萎靡不振不仅有来自收入的制约，根源在于经济转型导致居民对未来"大额刚性支出"额度的预期过高，这种"大额刚性支出"可以延伸为包括医疗、教育、养老、生产成本及未知情况下的生活成本，它们与其他预算支出共同改变着居民的长期预期和消费倾向。假定公共服务成本降低，"大额刚性支出"额度预期将大大降低并在较长时期内保持稳定，预期的改善将不仅产生收入效应与替代效应，更重要的是将直接改变消费者的消费决策，释放消费能力。

（三）公共服务成本的降低有利于改善消费与生产环境

政府作为公共服务的供给主体之一，提供的公共服务包括直接硬性的公共服务类产品与制度类的软性公共服务类产品，而消费环境的改善直接得益于制度类公共服务的供给。政府加强市场秩序的管理与强化在医疗卫生、社会保障、教育、科学、文化等领域的公共服务供给，既有利于生产者信息的自由流动，降低其社会交易成本，也有利于消费者消费信心的建立，提高居民消费质量。

二、公共服务对当前居民消费需求的四种挤出效应

公共服务供给尽管从理论上说可以由政府提供也可以由私人提供，但从各国的实践来看，政府供给仍然是主导，那么政府行为如何必然反映到公共服务供给及其消费？从理论上分析，政府支出与民间消费通常表现为替代、互补关系，即所谓的挤出与挤入效应，挤出效应是分析财政支出政策时常用的一个名词，但在这里，我们的含义是，在总量既定的情况，一方面消费或者收入的增加必然会损害另一方面的消费或者收入。近年来，我国公共服务类的价格不断上涨，对居民消费产生了较大影响。当然，服务类价格的适度上涨在某些方面还会产生较好的效应，例如，对缓解就业压力、调整经济结构和转变经济发展方式都有着重要作用。但我们还应看到，大多数服务项目与居民生活密切相关，价格上涨过快，会迫使居民不得不以较高的价格购买服务，这不但挤占了居民其他方面的消费需求，削弱消费能力，还会直接影响广大居民的生活质量和物价总水平的稳定。

首先，从消费主体来看，政府、企业与居民消费是三大重要的消费主体，但从我国的国民收入分配格局来看，居民可支配总收入占国民总收入比例长期下降，有研究资料显示，随着我国经济的进一步发展，居民、企业、政府在国民收入初次分配过程中的占

比发生了改变，出现了向政府和企业倾斜的趋势，到 2017 年，居民、政府和企业三者收入比重变为 57.9%、19.5% 和 22.6%，与 1995 年相比，分别下降了 7.2 个百分点、提高了 4.3 个百分点和 1.9 个百分点。显然，在这种背景下，政府与企业对居民的收入存在挤出效应，居民即使具有强烈的消费倾向，但在收入约束下，其对消费的贡献也极其有限。

其次，从政府主体本身消费来看，从理论上讲，政府消费规模对居民消费需求的影响，可以是替代关系，也可以是互补关系，但政府消费来源于税收、债务及相关的费用，税负和债务融资占用了居民可支配的消费资源，从而降低了政府消费对居民消费的引致（促进）效应，减弱了政府通过扩张性财政政策刺激经济、带动内需的乘数效应。也就是说，不考虑其他因素，假定居民与政府一样进行消费，但居民承担的税、费的轻重将直接制约其消费能力与消费意愿，政府消费过高将对居民消费具有明显的挤出效应。

再次，从主体的支出结构来看，政府公共支出结构也对居民消费存在挤出效应。我国地方政府对基础设施拥有较强的支出偏向，中国式财政分权促使地方政府更多地关注经济增长而非收入分配，政府投资相对于提供公共服务而言在短期内更能带动经济增长，因此，"重投资、轻服务"财政支出结构就成了某种必然，支出结构不仅存在挤出效应，更重要的是，按照官员偏好提供的所谓"公共服务"产生了严重的效率损失与群分效应，这些设施与居民的日常生产生活关联性并不强，居民在教育、住房、医疗、养老等方面的过度负担严重挤占了居民在其他消费品方面的消费。

最后，从公共服务类的价格形成机制来看，在我国提供公共服务类的机构主要是政府部门或国有企业，价格并不是真正反映了市场供给与需求，其间还承载了部分社会功能成分，公用事业和服务产品价格遭到扭曲，社会功能的强化对居民自身消费产生了挤出效应。

三、公共服务成本过高是导致挤出效应的重要原因

改革开放以来，我国消费保持了较快的增长速度，但消费率自 20 世纪 80 年代后总体呈下降态势，尤其是 2000 年后急速下降，经济增长的动力主要来自政府投资驱动。但上述分析告诉我们，这种经济增长模式已不具有可持续性，由居民自主性消费驱动经济已成必然。然而，从我们当前来分析，制约居民消费的因素仍然存在。有学者研究认为，我国目前居民消费的"棘轮效应"十分明显，收入水平的提高尽管有利于居民消费的增长，但其弹性较小，居民对未来仍缺乏明显的稳定预期，消费倾向比较保守。

导致居民消费不振的因素是多方面的，但收入尤其是居民可支配收入是居民消费的前提，居民是否消费，首先必须保证收入增长。从我国目前的情况来看，居民收入确实有增长而且增长速度还算平稳，但为何居民消费难以启动呢？从目前的研究情况来看，主流观点有两种：第一种观点认为，居民可支配收入下降不应从收入在各阶层中的内部

分布中求解，真正的原因应在于居民可支配收入占国民可支配收入的比例下降，改变国民收入分配格局、提高居民收入占比应是改革的方向。第二种观点认为，城市化进程缓慢是主因，因为存在天然的工农收益率差异，城镇化进程缓慢不仅阻碍人们获得正常的工资收入，还有可能导致财富快速集中，从而降低边际消费倾向，也即收入分配差距越大，边际消费倾向越低，而且农村内部收入差距扩大对农村居民消费倾向的影响更大。笔者认为这两种观点都有道理，但从现实来看，要改变国民收入中的居民收入占比或者加速城市化进程绝非短期能为之，而是一国经济发展进程中逐步解决的问题。即使我们按照这两种设计来着手改革，经济也很难在3—5年或更短的时间内形成良性的发展机制。笔者认为，消费需求的启动在于公共服务成本过高，它不仅影响了居民收入的形成，也影响了支出。

从收入形成来看，当前我国城镇居民面临投资渠道偏少及企业经营困难、盈利微薄的窘境，导致这种情况的原因是深层次的，但税收制度无形中增加了"小微"企业的经营困难，沉重的税负压力已大大侵蚀了企业经营利润和资本留存，也影响了企业投入再生产和增强市场竞争力的能力，显然，作为所有者的自然人也很难利用分得的税后利润来促进消费。对于不从事企业的自然人而言，工资等收入的积累由于资本市场的欠发达与金融服务业的滞后，相对的闲散资金也找不到合适的保值、增值渠道，消费也自然因此受到制约。对于广大的农村居民来说，农业收入与非农业收入在国民收入初次分配格局基本不变的情况下，也很难在短期内给消费结构转换与升级提供持续的增长动力。

从支出来看，政府投资"铁路、公路、机场"等硬性基础设施的偏好使居民在医疗、教育、养老方面背负了重担。首先，从医疗来看，我国居民普遍有过"看病难，看病贵"及看病过程中的"三长两短"遭遇，农村有过之而无不及，导致这种状况的原因之一就是政府的公共卫生投入偏少和卫生资源配置不合理，居民在其中承担的部分太大。其次，教育也占据了居民收入的一大部分。据统计，在我国贫困农村，教育支出占家庭净收入的15%—20%，扣除家庭食物、住房、健康等必不可少的其他支出后，教育支出占剩下的可支配收入的比例达1/2左右。最后，社会养老保障体系尚未完全建立影响居民扩大消费。工业发达国家能够保持较高消费率，是因为其社会保障体系完善，因而减弱了人们的预防性储蓄动机，相反，我国居民只能通过低消费来自身承担费用或者增强预防动机。据统计，"十三五"时期，我国城镇居民的平均消费倾向有下降的态势，2020年城镇居民平均消费倾向为70.5%，比2015年下降5.2个百分点，而净储蓄率不断上升，2020年城镇居民净储蓄率为11.1%，比2015年上升7.6个百分点，5年间有4年净储蓄率均逐年攀升，而平均消费倾向则逐年下降，居民消费意愿有所下降。因此，如果我们通过增加财政在上述方面的投入，改变现有的财政支出结构，降低公共服务成本，即便在现有收入不增长的情况下，居民收入也相对增长，预防性动机将会明显减弱，消费热情将会迸发，经济增长的主要动力将来源于居民消费的驱动，经济增长将进入一个良性循环。

第四节　财政保障机制与农村基本公共服务供给的作用机理

前已述及，在基本公共服务的供给中，政府的作用不可或缺，尤其是在我国城乡差距尚存较大差异的背景下，财政不仅会对经济产生积极作用，同时通过具体的工具也能改变个体的经济行为，从而达到建立和谐社会的目标。那么，财政政策是如何发挥作用的？同时，作为一个政策体系，财政政策还包括什么样的具体政策或保障机制呢？

一、财政政策的作用原理

由财政来保障基本公共服务的实现，其基本着眼点在于通过有针对性地收、支政策以及与收、支有关的相应政策影响社会财富分配结构和分配制度，进而影响个体的经济行为，从而达到促进资源的有效配置，保障人们最基本的需求。其作用机制是，通过改变财政支出结构、加大转移支付力度等调整财政资源在全社会的分配状况，对特殊群体给予倾斜，引导个体做出正确判断与决策，从而直接贯彻中央政府的政策，达到实现社会财富分配合理化及社会秩序正常化的目标，保证社会协调发展。其传导过程的特点有：第一，政府根据社会经济形势制定具体的基本公共服务供给政策，具体对个体产生影响；第二，财政政策的作用过程既是信息传递过程又是具体方案的实施过程，政府通过政策发出信息，企业根据信息发出状况接收信息并调整自身的行为；第三，财政政策作用的过程是一个"双赢"的均衡状态，政府通过政策作用实现了既定的政策目标，个体通过接收政府信息改变了自身的行为，满足了对基本公共服务的需求。

因此，如果假定政府所制定的政策是符合合理社会结构调整的，那么合理的社会结构能否实现则取决于宏观经济的微观基础—微观个体是否愿意接受政策，并切实据此调整自身的经济行为。财政的基本公共服务政策主要是通过需求和供给两个中介发挥作用，进而对微观决策主体的行为产生影响，最终促进合理社会结构的调整与形成。

（一）政府的基本公共服务政策对需求的影响

基本公共服务的改善对国内需求进而对经济增长的正常机制形成有很大的作用。国内需求持续扩大的基础是公平的收入分配，而基本公共服务供给状况如何则是评判收入分配公平程度的一个重要指标。在市场经济条件下，如果任凭市场在分配领域发挥作用，则财富分配过分悬殊和社会成员的两极分化是不可避免的，但这对于社会进步和人的全面发展来说是一个大的缺陷，且这种现象长时间存在将会引起社会的不稳定，最终也会导致经济增长的波动或停滞。因此，政府的调节收入分配政策将对国内需求产生极大影响。

而在我国当前环境下，政府提供基本的公共服务不仅利于控制日益扩大的财富分配不均，更利于刺激居民消费。政府利用转移支付政策的作用原理在于利用收入分配政策来改变需求,最终达到改变社会财富分配结构的目的。综观世界各国的政府财政转移支付政策,大部分是将其作为改变收入差距的一种重要政策工具来使用。在凯恩斯理论中,一般认为,由于边际消费倾向递减规律,消费将随着现期收入的增减而增减,但消费的增加量小于收入的增加量,即边际消费倾向是一个小于 1 的正数: $0<\Delta C/\Delta Y<1$;边际消费倾向 $\Delta C/\Delta Y$ 小于平均消费倾向 C/Y。也就是说,随着收入的增加,人们虽乐于增加其消费的绝对数额,但其消费的增加总不如收入增加得快,边际消费倾向有不断下降的趋势。按照这一规律,收入水平越高的人边际消费倾向越低,而收入水平越低的人边际消费倾向却越高。因此,在其他条件不变的情况下,边际消费倾向与收入分配差距的大小有着很强的关联性,收入分配差距越大,则边际消费倾向越低。同时,政府利用纵向的转移支付,直接供给基本公共服务,降低农民在基本公共服务领域的开支额度,间接增加了农民收入,从而也改变了社会财富的分配状况。因此,政府财政转移支付对低收入者的支持,实际上是降低富人的边际消费倾向而提高穷人的边际消费倾向,在缩小收入差距的过程中改变了相对较穷人群体的经济行为。

(二)政府的基本公共服务政策对供给的影响

人的基本公共服务得到了满足,不仅会改变其自身的经济行为,同时也会降低社会成本,为经济的进一步增长提供更好的条件。在整个社会经济活动中,为整个生产提供"共同的生产条件"不仅包括硬性的基础设置,同时包括软性的基础设施。马克思曾经把生产条件分为共同生产条件和特殊生产条件两类:一类是"以机器的形式直接进入生产过程的那类成本";另一类是指"具有铁路、建筑物、农业改良、排水设备的那种固定资本"。马克思的意思是:作为共同生存条件的固定资产,它不能被某单个生产者独家占有,它不是独占性地处在某个特殊的生产过程中,不能被当作商品一次性地出卖。换而言之,它具有公用性、非独占性和不可分性,这些特性决定了它具有公共物品的特性。显然,与劳动力相关的教育、医疗、养老等基本公共服务则属于软性的基本公共服务,其供给状况如何则直接对社会供给结构产生影响。因此,财政政策之于社会生产的影响关键在于它的外溢性,通过改善社会的公共生产条件使相关社会经济活动的进入成本降低,进而带动国民经济发展。

二、财政保障机制的基本构成及与基本公共服务供给间的关系

农民尽管从表面上远离了政治中心,但是农民拥有无可比拟的政治资源,如果农民对政府提供的公共服务满意,则政府的终极价值才能得以实现与巩固。但由于历史等种种原因,我国公共服务尤其是农村的基本公共服务供给并没有达到令人满意的状况。因此,增强政府的主动性,充分利用财政政策为农村社会及其成员提供优质的基本公共服务,成为现代政府与传统权利政府的最大区别。那么,财政保障机制由哪几部分构成呢?

它们与基本公共服务供给间存在何种关系呢？历史上，我们又是如何处理这种关系的呢？

（一）财政保障机制的基本构成

种种现实表明，农村基本公共服务由财政来保障，首先，一个基本前提就是财政要相对充盈，在关乎基本公共服务的领域，由于政府的主导地位，财政投入是一个绕不开的话题，专家、学者无一不提及财政投入的重要性。数据显示，近年来政府对公共服务的财政投入显著增加：2019—2021年，新医改三年投入逾1.2万亿元，并且是在原先基础上的增量投入；2010—2020年，公共财政教育投入年均增长20.2%，高于同期财政收入年均增长幅度；"十三五"期间，各级财政对五项社保基金的补助达7219亿元，年均增长19%，其中中央财政补助年均增长20%。因此，财政的收入保障机制是一个重要机制。当然，笔者本意不是基本公共服务供给的所有成本都需要由财政来保障，财政收入保障的机制是在基本公共服务供给过程中，通过财政的介入与作用，充分发挥各利益主体的主观能动性，各方全面参与基本公共服务供给，提升基本公共服务的水平与质量。

其次，在有收入保障的前提下，提供什么样的及多少基本公共服务，则涉及的是农村基本公共服务投入决策机制。尽管我国目前经济发展较好，财政收入增长较快，但这种发展是不均衡的，而且与发达国家相比，我国仍处于较落后的经济发展阶段，用发达国家或者中等发达国家居民所享有的基本公共服务水平，或我国欠发达地区用发达地区农民所享有的基本公共服务水平作为参照是欠妥当的，因此，应根据我国经济发展的平均水平，合理确定财政投入量，建立健全表达机制，引导农民对所需要的基本公共服务自觉进行排序，逐步建立一个投入有效率、决策有秩序的农村基本公共服务投入决策机制。

最后，从我国现有政策执行来看，由于1994年分税制改革的不彻底性，政府间财权、事权并非匹配合理，前些年地方政府在基本公共服务供给方面承受了较大财政压力，近些年来，由于政府尤其是中央政府转移支付力度的进一步加大，中央政府面临较大财政压力的同时又养成了地方政府的依赖心理并滋生了社会不良现象。因此，在有财政投入及需求表达两种机制的基础上，涉及政府间财权、事权的预算管理体制需要进一步明晰，有可能的话，可以通过最高权力机构将其固定下来，减轻地方政府面临的"双向"逼迫压力。

（二）三种机制与基本公共服务供给间的关系

财政保障机制是一个系统，但这种系统中，收入保障、投入决策及预算管理机制是最基本的三种机制。如前所述，收入保障机制是基本公共服务中绕不开的话题，因此它是首要条件；如果没有投入决策机制，则投入再多的钱，一来没有效率导致投入低效，二来农民对供给的基本公共服务不满意，因此投入决策机制是关键条件；如果没有预算管理体制，则中央政府财政压力显著增大，且会导致投入低效、监督成本加大。因此，三种机制是农村基本公共服务中最基础性也是必不可少的机制。

有了良好的收入保障机制，可以强化政治契约理念。现代政府一般都强调公共服务，而这种公共服务的供给则是来自公众的委托，因此，在公共服务供给中，政府是主导，但公众是主体，政府接受公众的监督，公众也要支持政府工作，两者相辅相成，也只有在这种理念的指导下公众才能有很好的税收遵从度，政府也会按照税收—公共支出的范式来安排好公共支出。同时，有了政府的主导作用，财政投入会带动与基本公共服务相关联的各利益主体投入的积极性，降低政府管理成本，也解决了基本公共服务前期启动资金。

有了良好的投入决策机制，可以提供与当前经济发展水平相适应的基本公共服务。基本公共服务享受是一个公民的基本权利，但享受权利的水平应与经济发展水平相匹配，我们不能奢望一夜之间就达到发达国家或中等发达国家的水平，但也不可能一夜之间我们所享有的基本公共服务水平就急剧下降。目前，对基本公共服务的种种不利评价主要来源于社会成员间福利水平的不均与自身偏好表达的缺失。有了投入决策机制，广大的农民能够参与其中，根据自身实际情况，在政府的指导与帮助下，能够对所需要的基本公共服务按照实际情况做出排序，依次逐渐推进建设路径，避免无谓的叫喊与攀比。同时，更有利于减轻各级政府的财政压力。

有了良好的预算管理机制，可以妥善处理各级政府间的财政关系，形成合力的财权、事权匹配态势。不同层次的政府应有不同的事权范围且有相对应的财权与之匹配，科学且符合实际的财、事之分不仅利于避免政府"拉锯式"的艰苦谈判，也利于从制度上杜绝地方政府制度外筹钱的"借口"，更有利于强化政府的职责，用法定的标准来评价地方政府的实际绩效也有了可靠的参照，从而有效避免由下而上的"等、靠、要"与财政资金划拨方面的共谋。

三、治理地方公共经济

地方公共产品和服务的供应与生产构成了地方公共经济的基本内容。从公共产品和服务的供应与生产区分的概念角度看，可以将由多种多样的供应单位和生产单位所组成的公共服务业看作多种类型的地方公共经济，它们服务于区域的城市以及乡村地区。在我国，目前就绝大部分情况而言，地方政府是地方公共经济的供应与生产主体。但是公共服务型政府理念和实践的发展，要求我们必须从治理的视角来看待地方公共经济的发展问题。

（一）多中心治理理论与地方公共经济

"治理"这一概念源于政治学，但日益为经济学尤其是发展经济学所关注。就地方而言，治理就是指地方政府有效地管理资源和提供公共产品的能力。但这种意义上的治理我们仅可以称其为政府治理，例如，在我国，它可以包括中央、地方（省）、市县和基层四个层级的治理。在这样的概念模式下，人们主要是通过集权或者是分权的政策工具分析来看待地方公共问题包括地方公共经济问题的。至少在过去的三十年间，分权在发展的背景下已经成为人们日趋关注的问题。而真正分权的实现却是短暂的，这包括中央政府或上级政府不愿意将实际权力移交给地方政府或下级政府，也包括即使是强有力的地方政府未被证明是解决地方公共产品和服务供给与生产问题的关键。看来，仅以政府内部组织变革的方式来解决地方公共经济的发展问题其作用是有限的。这一问题的实质在于，无论是集权的还是分权的制度安排，其制度结构实际上都是单中心的："决策权是在等级制的命令链条中组织起来的，具有一个单一的终极权力中心。"

多中心治理理论目前已经成为观察并解决地方公共经济问题的一种有效的分析框架。因为多中心治理理论提出了政府与市场之外的治理公共事务的新的可能性，即在已引起足够重视的政府、市场这两个中心之外引入社会，作为第三个中心。在迈克尔·麦金尼斯看来，多中心组织已被界定为一种组织模式。在此许多独立的要素能够相互调适，在一个一般的规则体系之内归置其相互之间的关系。文森特·奥斯特罗姆则将之视为一种"多中心政治体制"。假定在大城市地区的政治治理中多个决策中心在竞争性关系中相互重视对方的存在，相互签订各种各样的合约，并从事合作性的活动，或者利用核心机制来解决冲突，并认为这一治理可以以连续的、可预见的互动行为模式前后一致地运作。我国也有学者认为，治理理论的核心在于探讨权力的多中心配置，多种权力行使方式共同作用，从而改进公共管理绩效。就地方公共经济的治理而言，我们可以将之视为公共部门在提供公共产品和公共服务过程中，通过多中心体制实现资源配置的最优状态的过程。

从多中心治理理论出发，对于公共产品和服务的生产与提供的地方公共经济治理内容，"我们进一步建议，公益物品或者服务的生产能够与公益物品或者服务的提供区别开来"。在此情形下，公共服务的提供者指派消费者给生产者，或选择服务的生产者，提供者通常是政府单位。公共服务的生产者直接组织生产，它可能是政府单位、志愿组织、私人企业、非营利机构，甚至是消费者自身。在我国，政府已进行了优化政府职能的多方面改革尝试，但是公共物品由政府提供的现象在很多领域依然存在。一个重要原因就是提供者和生产者的关系没有界定清楚，政府提供并生产公共服务的职能没有从根本上发生改变。随着我国市场经济和公民社会逐步发育，在地方政府的主导下，构建公共部门、私人经济部门和第三部门、公民相对独立、分工合作的新型治理结构将是我国地方公共经济治理的必由之路。与此同时，我们还应看到，多中心治理在理论上也存在着治理失效的可能性，如多中心治理体制下的"无中心"倾向。对于我国以政府主导的改革与发展模式来说，在所谓的多中心中，政府无疑必须发挥其治理的核心作用。当前我国地方公共经济治理的一个突出问题就是随着市场化改革的推进，地方政府在许多公共物品和服务供应与生产领域责任的退出和让渡。政府作为社会公众和公共利益的代表，有责任在地方公共经济治理中发挥更大的作用。

（二）我国地方公共经济治理的基本原则

以上分析使我们认识到，地方公共经济治理源于地方政府和市民社会有序的互动。而要实现这种有序的互动，并不断提升地方公共经济治理的质量，有赖于下述基本原则的贯彻和实施。

（1）法治化原则。高度的法治化，是地方公共经济治理规范化的前提。就地方公共经济治理中的政府而言，法治的作用不仅表现为约束政府，防止政府对私人经济活动的任意干预，同时也表现在使地方政府必须尽到法律所规定的提供地方公共产品和服务的职责，包括效率职责和公平职责。具体而言，法治的作用体现在三个方面。

一是法律应当规定地方公共经济治理的主体及权力结构，不同治理主体的权力、责任应是清晰明确的。二是法律应当规定地方公共产品和服务供给的财政支持结构。例如，明确界定地方政府的财政支出责任，规范省以下的转移支付制度安排等。三是法律应是解决一切矛盾、纠纷和冲突的标准和原则。公民享受公共产品和服务权利的维护、政府违法行为的监督，这些都要普遍地依靠行政救济、司法程序予以保证。以德国为例，法治是德国地方政府治理中的最重要因素。联邦德国基本法、各州宪法，以及其他相关法律明确规定了联邦、州和地方政府在地方公共品供给过程的责任和权力。

虽然随着我国行政管理体制改革的不断深入，地方政府在地方公共经济治理中的角色和地位逐渐发生着变化，但是由于受传统的无限型、全能型政府理念的影响，一些地方政府的职能没完全转变，在地方公共产品和服务的供给过程中存在职能错位、缺位、越位的现象，公共产品和服务供给短缺或者过剩的现象不时出现。究其原因，主要是法治因素的缺失所致。因此，形成一套完善的、明确规定各级政府在地方公共品供给上的权力、责任的法律体系是完善地方公共经济治理的当务之急。应该根据我国当前的法律体系现状，在宪法和有关基本法律的框架内，进一步形成系统性的法律制度，从法律上明确划分各级地方政府提供公共品的责任。

（2）辅助性原则。辅助性原则是指地方政府在地方公共经济治理中履行的职能尽可能多地在地方层面解决，而不是转移给上级政府。上级政府不应该从事任何由下级政府可以完成的工作，尽可能让下级政府自主处理有关公共事务。根据该原则，上级政府只应当在下级政府或第三部门、市民没有能力履行某项任务时才承揽该项任务。

在地方公共产品和服务的提供中，尤其是基准的公共品的供给更多应由地方政府自主完成，而不是转移给上级政府。

而这个问题实质上也是地方公共经济治理中的政府集权与分权问题。应该说在客观效应上，我国自改革开放以来中央与地方政府的分权改革的确提高了地方公共服务的效率，但是其效应并没有得到充分的发挥。比如，我国社会保障体系中社会保障资金管理职责下放，分散管理虽然赋予地方更大的自由度，但是社会保障下放使地方政府往往面临因规模太小而无法提供足够的风险分散，无法保障财务安全；而且过于分散的结果使社保标准地区差别很大，加重了地区之间的不平衡程度；同时这种差别可能会阻碍社会保障权利跟随人员流动，进而阻碍劳动力要素的流动。

这其中还包括中央与地方政府之间以及地方政府之间事权与财权划分不清、不对称问题。在现实生活中，上级政府甩财政包袱而把本应该自己承担的责任下放，基层政府无充分财力应对公共服务支出而公共投入不足弊端不时存在。为此，应当尊重并相信地方政府独立完成自身责任的能力，发挥地方性资源的积极作用。坚持地方的事情地方办的原则，着力提高地方的自主能力。

（3）财政平衡原则。财政平衡原则具有以下两个方面的含义：一是中央或上级政府通过转移支付的形式保持地方各级政府在公共经济治理中的财政能力，以及地方治理的自主性。二是通过财政平衡的各项制度和措施，用于调节各级政府之间的公共财政收支均等化。其目的是在各地财政资源差距很大的情况下，保证各地公共服务水平基本一致。一般而言，财政平衡机制兼有行政分权和财税调节等功能。它在明确划分各级政府事权和支出范围并赋予各级政府一定税收权限基础上，实现财力布局的纵向与横向平衡，以保证在全国范围内或者某一区域内提供大体均衡的公共产品和服务。

我国正式引入政府间转移支付制度规范概念是在1994年分税制改革之后。在现行的分税制财政体制下，虽然我国转移支付的规模已比较大，但由于结构不尽合理和资金使用的不规范及效率低下，使中央政府转移支付的横向平衡与纵向平衡效应并不理想。为此，在我国当前地方公共经济治理中，应积极完善财政转移支付机制，增强地方政府财政能力，以支持地方公共品建设。针对当前公共服务公平效应的迫切要求，要进一步明晰上级政府对下级尤其是县级财政转移支付的责任。既要从总体上加大转移支付的范围和数量，又要对转移支付制度的方式、资金拨付、监督管理做出具体规定。如应当规范省以下的转移支付规则，对转移支付资金的运用加强合规性管理，同时逐步缩小税收返还的规模，增加均等化转移支付份额。总体的方向是，属于哪一级政府的职责范围内应该提供的公共品，资金的支持就应该由哪一级政府负责，同时上级政府应当优化财政转移支付的结构、数量和管理，充分发挥其均衡职能。

（4）参与原则。公共服务型政府是民主参与的政府。在我国近年来一系列公共管理改革案例中，公共产品和服务的使用者可以通过铁路票价、水资源、煤气价格的听证等广泛地参与到行政过程中去，通过对行政决策施加影响、与公共部门展开合作，提高了公共部门的行政绩效，满足了自身对公共产品的需求。这一实践表明，治理地方公共经济应该为公众参与提供渠道。这其中的一个重要理由是，"在这样一个时代里，如果没有公众的积极参与，政府很难使其行动合法化"。参与原则其实提出了两方面的要求，一是社区居民不仅为公共服务的消费者，而且为公共服务的共同生产者；二是地方官员应当具有公共企业家精神，因为"公务员的首要作用乃是帮助公民明确阐述并实现他们的公共利益，而不是试图去控制或驾驭社会"。

在我国，总体而言，作为地方公共经济治理一方的公民需求表达的缺乏仍是一个较为普遍的现象。我国的公共物品供给体制是一种压力型供给体制，往往是上级分派任务下级政府按照指示执行即可，由于缺少对基层和现状的了解，没有充分注重公众的需求表达，这种自上而下的公共物品决策机制经常导致提供的物品和市民的需求不一致，一些市民急需的公共物品供给严重不足，而提供的往往是市民并不需要或已经足够的公共物品。健全市民的利益需求表达机制，扩大市民在地方公共经济治理中的参与是完善地方公共经济治理结构的必然选择。因为地方公共经济治理的基本任务就是，把集体选择的权利分配于各个不同的、互有重叠的利益共同体，从而允许市民选择和多种不同的供应单位相连结。

（5）有效监督原则。健全的监督机制是完善地方公共产品和服务供给与生产的重要保证。地方公共产品和服务供给与生产的监督，主要应集中于对公共品供给决策、市场化、资金使用以及绩效监督等几个方面。监督的方式，则表现为法律监督，地方上下级之间的内部监督、专门监督机构的监督，公民、新闻媒体和舆论的监督等。

在我国，此类法律监督的开展并不理想，主要原因在于立法对于地方政府履行公共服务的具体职能规定过于笼统，各级地方政府的具体义务缺乏明确、细化约束，不便于监督的具体实施。由于受体制、技术等方面的影响，公民缺乏有效的监督权，也没有相应的监督机制为其作保障。因此，加强制度建设，完善独立的监督体系，增强地方公共品供给的透明度是我们当前的紧迫任务。在立法上，应当做到地方各级政府之间在提供公共品方面的责任具体、明晰，权责一致，来自政府财政支持的建设资金能够保证相应的需求。应当加强对地方公共品供给的专门机构的监督，并应做到审计、监察等专门机构对地方政府的公共财政支出、人事、公益事业的市场化，日常公共品供给活动等监督的经常化、规范化。此外，还应当顺畅体制外的非政府组织、舆论、公民监督的渠道，以有效制约公共品供给过程中的腐败和懈怠。

（三）我国地方公共经济治理的制度安排

在多中心治理的理论框架下探究我国地方公共经济治理问题，必须强调用合作的观念而不是用支配的观念来透视治理，其关心的主要议题不仅包括阐明合作的前提和条件，还要以积极的制度安排来促进合作。要建立并完善我国地方公共经济治理的合作机制，除了要关注前已述的主体之间的合作之外，还需要注意公共政策的协调以及地方政府绩效管理体系的完善等机制建设问题。公共政策是政府治理地方公共经济的基本手段。从本质上来说，地方公共经济是一种"由市民的选择和活动推动下的体现市民意志"的城市（地方）治理方式。而市民参与地方公共经济的治理往往通过市民之间透过合作组织等以集体行为的方式予以表达。市民的类似集体行动应当被看作地方宪政层面的决策行为，它们经常是目前政府所倡导的社区建设的核心内容。市民偏好不同、公共问题不同就意味着应当有不同的公共政策形成机制。这其中我们需要关注：一是基本保障型公共政策的制定。例如，为了保证流动人口的基本公共服务，促进农村剩余劳动力转移；维护社会凝聚力，保证低收入人群公共服务的可获得性等，需要采取一系列配套的政策组合，维持某一个地方的基准公共服务水平。二是地方经济政策与国家宏观经济政策的协调与互补。诸如在限制其他地方政府保护行为，打破国内市场壁垒，促进要素流动和技术的扩散等领域尤其如此。三是内部化政策问题。由于公共物品及其服务一般具有正的外部性，内部化政策就成为了保证公共服务公平有效的重要理由。譬如 A 地区公共品提供的收益溢出了该地区，而邻近 B 地区则免费获取了部分收益，其结果将使 A 地区减少该公共品的供给，造成公共服务供给不足。内部化政策就是让更高级次的政府来提供这种公共品，比如，社会保障职责就不应该由基层政府执行。四是某一区域公共政策协调问题。区域公共产品供应政策的基本协调是区域社会管理一体化的重要前提。如在安全生产事件、环境污染事件、自然灾害事件等突发事件应急合作方面，都应通过公共政策来加强合作，在信息、资源上互通、互助、互利，以建立区域应急合作体系。近年来随着区域公共问题的增多，越来越需要我们以一种常态式的政策协调机制来解决，而不能将治理所有区域公共问题的希望寄托于中央政府的关注。如果我们把现实中出现的各种跨越行政管辖区的问题看作一系列的公共事务，那么这类问题的解决需要靠受到该公共问题影响的人所组成的集体的共同努力。

从一般意义上讲，政府绩效评估是政府公共部门改进绩效的一种先进的管理机制、技术和工具。当前优化地方政府治理公共经济的绩效评估体系首先应当明确其公共利益导向，由此才能实现绩效评估的协调与和谐。其次，应当注意地方政府目标价值的多样性、区域性。例如，不仅要关注供应，还要关注生产；不仅要关注客观的效率，而且要关注服务对象的主观满意度。而在政府绩效评估体系中，指标建构是核心问题，绩效指标的设置决定了政府工作的主要内容和努力方向。针对我国现有地方政府绩效指标中存在的问题，从政府合法性与价值标准重构的角度出发，可以在理论上构建一套基本涵盖政府工作各个方面、较为全面的指标体系，并在问卷调查的基础上进行遴选，最终提炼出一套精练、有效的地方政府绩效评估指标体系。最后，应当着重从合作伙伴关系的构建成效上考察政府组织地方公共经济的绩效。因为地方公共经济治理的基本理论假设决定了治理实效的取得将高度依赖于多中心治理的各方活动的合作性高低以及地方政府在其中组织效率。最终，这种评估应着眼于实现政府绩效与公众信任之间的良性互动。这正如美国当代公共部门绩效管理研究专家霍哲所指出的那样，政府的绩效越高，公众对政府的信任也就越高，公众对政府的信任与政府绩效的关系是一种双向的轨道。这两个因素彼此相互作用，从长远的观点来看，情况尤其如此，形成出色的政府绩效与公众的高度信任之间的良性循环，对于特别关注社会整合技术的地方公共经济治理的绩效评估而言尤其重要。

第二章　我国农村基本公共文化服务建设的财政政策现状分析

第一节　我国农村公共文化服务建设的现状分析

一、公共文化的概念、形态和特征

当前，我国正在进行文化体制改革。按照党的十六大提出的文化发展战略，将计划经济时期的我国文化事业发展体制，改造成公益性文化事业和经营性文化产业两大部分。毫无疑问，全面推进文化体制改革，不仅是我国社会主义市场经济体制建构的重要组成部分，同时是解决我国经济高速增长、人民群众生活水平普遍提高后，文化生产力与人民群众巨大的精神文化需求之间矛盾的必然选择。在市场经济条件下，把可以纳入经营性文化产业范围的文化事业部分，从原有的文化事业体制中剥离出来，通过对其进行市场化改造，使其成为真正的市场主体，按市场经济的规律进行产业化运作；对原有公益性的文化事业加大政府财政投入，并在此基础上建立起公共文化服务体系，进一步提高公益性文化事业的供给和服务水平。然而，由于传统体制的影响和文化发展的复杂性，社会各界对于经营性文化、公益性文化和公共文化等概念存在各式各样的不同理解。这种状况客观上影响和干扰了文化体制改革的顺利进行。当前，弄清楚上述概念的确切内涵，特别是把握这些概念的形成和历史演变，具有重要的现实意义。本文不打算对上述概念进行全面讨论，只就公共文化概念的形成和历史演变做简要的梳理。在笔者看来，文化的不同形态具有对应的关系，对经营性文化的理解，只有在准确把握公益性文化内涵的前提下，才能更加深刻。

（一）文化构筑公共空间

（1）"公共文化"概念生成的现代语境在现代主义语境中，"公共文化"一词与公共领域这一概念具有内在关联性。所谓公共领域，是指人人拥有的共同的空间。阿伦特在阐释"公共的"这一术语的含义时指出："它首先是指，凡是出现于公共场合的东西都能够为每个人所看见和听见，具有最广泛的公开性。对我们而言，表象——不仅为我们自己，也为其他人所看见和听见的东西——构成了现实……其次，世界对我们来说是共同的，并与我们的私人地盘相区别。就此而言，'公共的'一词指的就是世界本身。"最早的公

29

共领域可以追溯到古希腊罗马城邦时期，那一时期分享民主权利的城邦政治形式既是最早形式的市民社会，也是公共领域的早期形式。现代公共领域的形成标志着近代欧洲社会从中世纪的封建社会向近代民主社会的转变。在这一过程中，公共文化的发展扮演了关键角色，它具体体现为一种具有文化生产意味的活动方式、组织形式和结构关系。现代政治公共领域起源于 17 世纪、18 世纪由宫廷聚会演变而来的艺术沙龙以及街头咖啡馆。

维柯在《新科学》中描述了公共领域的形成过程。他特别指出了文化在建构公共领域中的特殊作用。实际上，公共领域的边界正是由公共文化界定的，公共文化界定的公共领域一方面与私人领域相对立；另一方面进入公共领域的所有人一致认同某种观念原则和文化价值。

（2）中国语境中"公共文化"的内涵嬗变。中国自新文化运动以来，引进西方先进思想文化，逐步形成了类似欧美按学科划分的知识体系。但是在有关文化的知识体系中，并没有引进"公共文化"的概念，也很少有人使用这一概念。即使有，也只是在较为狭窄的意义上来使用的。例如，把城市街头的雕塑称为"公共艺术"，其实际的含义是"放置于公共场所的艺术品"；又如，把面向全体市民的各级图书馆称为"公共图书馆"，以区别于归属各个部门、单位如学校、科研院所的图书馆，尽管这些部门和单位的图书馆与"公共图书馆"在所有制性质上是一样的，都属全民所有。实际上，在 20 世纪的 100 年中，中国人对于"公共文化"概念的使用，主要是从空间上来理解的，这里的"公共"限定词是指面向社会公众的场所，意思近似"公共文化"这一概念最初生成的语境，即指一些特定场所，如沙龙、咖啡馆等构成的公共领域。

进入 21 世纪，特别是 2003 年以来，"公共文化"一词的内涵在中国语境中有了深刻转变。2004 年，上海明确提出"公共文化服务体系"建设目标，作为新世纪文化建设实践的创新形式，上海市政府投入财政资金，重点推进社区文化活动中心、东方社区信息苑、东方社区学校、东方讲坛、东方宣教中心、东方文化艺术指导中心等设施建设。随着建设实践的不断展开，"公共文化"这一概念的内涵和外延不断深化和扩大。上海推进"公共文化服务体系"建设的实践赋予了"公共文化"这一概念在中国语境中的新内涵。2006 年，《国家"十一五"时期文化发展规划纲要》作为政府文件，首次将"公共文化服务"纳入其中，提出要以公共文化服务均等为原则，完善博物馆、图书馆、文化馆等公益性文化设施网络建设；加强以广播电视村村通工程、农村电影放映工程、乡镇综合文化站和流动综合文化服务车等为主要内容的农村公共文化服务设施建设；普及文化知识；建立公共文化发展的援助机制；鼓励社会力量兴办公益性文化事业等。2007 年，《上海文化发展"十一五"规划》进一步明确提出"构建覆盖全面,功能完备的公共文化服务体系"目标，这一文件所使用的"公共文化服务体系"概念，在内涵上不仅涵盖了传统上由国家兴办的文化事业，如博物馆、图书馆、文化馆、广播电视等，而且包括了此前所提出并推进建设的东方文化系列和社区文化活动中心等，还包括了公共文化的管理运行体制机制、公共文化的财政保障、产品服务的生产供给、群众性文化活动、对外文化交流和对外文化宣传、文化遗产保护等内容，甚至将哲学社会科学事业也囊括其中。

公共文化的概念内涵在中国语境中近年来的急剧变化，与中国1978年以来的经济体制改革和对外开放的背景密切相关。随着社会主义市场经济体制的初步建立，改革计划经济时代建立起来的以事业体制为主要特征的文化发展模式，进一步解放文化生产力以满足广大人民群众日益增长的精神文化需求，成为文化领域推进体制改革、促进文化发展的主要任务。党的十五大报告中，首次将我国文化发展领域区分为公益性文化事业和经营性文化产业两大部分，明确提出了文化管理体制改革的目标，而在文化管理体制改革还没有完成，计划经济时代建立起来的文化事业体制中还混杂着文化行政管理单位、公益性文化事业单位和经营性文化单位，三者的功能、相互关系，以及由此引出的一系列重要问题还没有得到全面厘清的情况下，用"公共文化服务体系"这一概念来重新划分社会主义市场经济条件下公益性文化事业的范围和边界，重新确定其功能、结构和运行机制，不但在实践上是一种创新，而且在理论逻辑上具有合理性。

（二）公共文化的历史形态及其演变

1.公共文化的历史形态

在人类文明发展的早期阶段，原始社会的生产力水平很低，人们自觉自愿结成生产和生活共同体，即原始公社。原始公社的基本特征是生产分工简单、主要从自然界获取生存资料，人们共享一切劳动成果，也共享文化。原始社会时期的社会文化基本特征是社会全体成员群体参与文化生产、共同分享文化；这同时表明，社会成员之间只有性别和长幼之别，还没有形成以财产多寡为标志的阶级差别。社会文化的生产通过仪式化的群体参与，以潜移默化的方式，使社会成员接受并信奉与社会发展相适应的宗教文化、道德观念、生活习俗、财产制度和价值意识，从而发挥促进生产发展、维护生活秩序、保障社会稳定的作用。

我国古代第一部诗歌总集《诗经》就属于公共文化范畴，孔子把《诗经》的基本特点概括为"兴观群怨"，可以说是极为准确地反映了《诗经》作为西周公共文化的社会功能和基本特征。

在西方文明中，古希腊罗马的神话传说是欧洲文化之源。同时，它也真实地展示了当时的宗教生活。实际上，仪式化的宗教文化是古希腊罗马城邦时期的公共文化。通过这些仪式，处处可见宗教文化对于人们日常生活的影响和约束。除了仪式化的宗教活动外，古罗马城邦时期的主要城市里，都建有神殿、剧场、温泉浴室、竞技场和图书馆等大型公共建筑和文化设施。历史表明，文化发展既反映了社会经济发展的状况，又受到社会经济发展的制约，而全体社会成员普遍共享同一种公共文化，在进入阶级社会以后相当长的历史时期，只是一种理想。无论是古代中国、古希腊罗马，还是古埃及、古印度或其他古代文明中，地域的文化差异并不影响各古代社会都有公共文化，同时也无一例外地在这些社会内部存在着多种形态的、差异化的公共文化。财产的私有制和经济社会发展的不平衡、社会阶层的分化和冲突，都在公共文化的差异性上得到鲜明的体现。

在古代中国，先秦时期形成的礼制作为公共文化，其内部本身存在着差异，这种差异在《诗经》文本中以风、雅、颂的体裁差别传递出先秦社会阶级分化、贫富悬殊和文化疏离的信息，在千百年的历史传承中，古代礼乐文化逐渐趋向精英化而成为社会上层公共文化的一部分。但在社会底层，即在民间社会，始终存在着民间大众共享的公共文化形态。这种民间公共文化以民间习俗的方式，深深植根于基层社会民众的日常生产和生活之中，影响和支配着基层民众的精神生活和物质生活。如庙会是中国传统中少有的全民性文化活动，庙会文化作为民间公共文化几千年来沿续至今，并随着时代发展和社会变迁不断改变其形式，呈现出强大的生命力。

古代公共文化更多地表现为整体性"民俗"，所谓民俗，就是民间的风俗习尚。民间习俗作为社会下层的公共文化，其主要社会功能是，通过对地域社会的空间组织和再生产宗教信仰、道德意识、价值观念和行为准则来规范民间社会的生活秩序。

"公共文化"概念的形成史表明，"公共"是相对于个体或私有而言的。尽管"公共文化"是一个现代术语，但就其实质而言，公共文化是一个社会得以存在和延续的基本要素。因此，无论古今中外，只要有社会，就必然有公共文化存在。不同地域、民族和社会形态的公共文化，有着自身的特色，同时，随着社会经济的发展，不同历史阶段中的公共文化呈现出不同的发展形态。尽管如此，公共文化随着社会历史的进步而不断改变形式、扩大范围和增添新的内容。

2. 社会主义中国的文化事业体制

公共文化的体制化不仅在不同的社会形态中形成了差异化的组织形式和生产方式，更重要的是，公共文化获得了相应的法律地位。现代国家大都以立法形式保障公共文化的存在与发展。而全体公民共享的应有文化权利已经成为基本人权的重要组成部分，是当今人类社会普遍认同的价值观。1949 年，联合国大会通过《经济、社会和文化权利国际公约》，规定缔约国有义务运用政权力量，最大限度地动员社会资源，保障公民文化权利的实现。

社会主义国家的文化事业建设不以赢利为目的，根本目标是保障公民精神文化需求的实现，因而具有纯粹公益性质。与西方资本主义国家公共文化发展的基金会制度和赞助体系相比较，一是社会主义国家文化事业体制所涵盖的文化内容要大于西方文化基金会制所涵盖的内容；二是从法律地位上看，社会主义国家的文化事业体制在保障公民分享公共文化的公平性上要高于西方的文化基金会制。

值得一提的是，中华人民共和国成立以来，尽管以国家财政支撑的文化事业体制在社会主义公共文化的体制化进程中发挥了决定性作用，但是，在文化事业体制覆盖不到的广大乡村地区，仍然沿袭着千百年流传至今的民俗传统，而这种民俗形态的公共文化积淀了历史传统和形式，不可避免地包含着大量的封建、迷信和历史糟粕的内容，在 20 世纪 50 至 70 年代难以被主流意识形态所接纳，从而一度被禁毁。改革开放以来，随着市场经济的发展，传统民俗以其顽强的生命力重新在广大乡村地区蓬勃兴起，并在规范乡村社会的生产、生活秩序中扮演着重要角色。

当代中国公共文化存在着两种形态，这种状况从表面上看是城乡二元结构造成的，但从根本上说，是社会主义中国仍处在初级阶段，社会生产力水平尤其是文化生产力水平仍然不高使然。我国城乡二元结构长期存在文化事业以城市为中心的倾向，致使具有公共文化性质的文化事业体制在布局和服务供给方面存在着较大的空间不均衡，从而给民俗形态的公共文化发展留下了巨大的空间。自近代以来，中国社会在追求现代化进程中，曾在相当长的一段时期内并不把传统的民间文化看作公共文化，民俗传统被认为是一种低俗文化。但是，只要是民俗传统所构筑的文化空间不能为社会主义公共文化所容纳，中国的现代化进程将难以完成。因此，从公共文化的体制化进程来看，中国社会主义公共文化的发展在今后相当长的阶段内，所面临的一个巨大现实命题和任务是，如何把两种形态的公共文化整合为社会成员共同拥有的、统一的文化空间和精神世界。

（三）公共文化的功能和特征

1. 共享性

文化在本质上具有公共性，这种公共性表现为一定的人群共同拥有这一文化。就文化的本性而言，文化是天生共享的。公共文化的共享性直接源于文化的公共性。从公共文化的形成来看，原始社会的文化具有社会成员共同拥有的基本特征。但是，在原始社会生产、生活的公社制没有瓦解之前，社会并没有出现财产私有和阶级分化分层现象，因而从文化上看，也无所谓公共文化和属于少数人的文化之区别。公共文化是在阶级社会中文化发展形成分层、分化之后才真正形成。因此，在阶级分化、财产私有和社会地位悬殊的社会背景下，公共文化为社会成员共同分享，实际上体现为社会成员对于公共文化的平等参与。

社会群体的平等参与是公共文化共享的重要形式特征，是实现其公益性的唯一途径。但是，从文化发展的历史实践看，随着阶级社会的形成，文化发展同样出现了分化。由于不同社会群体占有社会生产资料的不均，社会阶级之间的文化差异、对立甚至冲突都非常之大。公共文化的存在只在一定范围、层次和方式上体现社会各个阶层的平等相处，并不能改变整个社会阶级、财产和权利不平等的现实，由于阶级社会的存在以及人类社会生产力水平的限制，历史上公共文化不分阶级身价和社会地位的高低贵贱为全民共享毕竟是有限的，更多地具有象征意义，是对等级制社会制度及其矛盾的一种调适。

2.仪式性

无论公共文化呈现为怎样的形态，是上层社会的礼仪，还是民间百姓的风俗习尚，公共文化最重要的形态特征是具有仪式性。在民间的庙会活动中，总是固定地上演一些庙戏。庙戏演出不同于作为独立艺术形态的戏曲表演。作为公共文化的一种形式，庙戏与一定的经济、政治、文化和社会紧密联系在一起，受到诸种规则的制约，进而形成习俗。

公共文化在形态上具有仪式性，起源于远古先民的巫术活动。古代社会，社会生产力水平低下，人们崇拜自然，信仰自然。早期的巫术仪式是对自然神的崇拜。随着生产力的发展巫术逐渐分化为宗教、民俗和其他艺术形式，早期巫术具有的娱神性质，在仪式作为表征信仰和观念的形式流传中进一步发展演变，更具有了娱人的性质，并且成为公共文化的重要表现形式。在民俗形态的公共文化中，口头仪式表现为咒语、禁忌、俗语、传说、童话、民间故事等口传的民间文学形式；非口头仪式则体现为游戏、竞技、体育、游艺、工艺等各种民俗；此外，还有兼具语言类和非语言类两种性质的民俗仪式，如庙戏、民间歌舞等。

公共文化具有仪式性表明，公共文化的发展和形态演变依据古老的传统。事实上，古老的仪式以象征的方式，通过重复的、程式化的动作，明确传达某种信念、价值和观念。仪式不仅在民俗中表现为日常生活的习俗和惯例，一旦它有利于统治阶级治理国家，就会经由国家明文确认，成为法律和制度。

3.差异性

在人类文明发展的历史长河中，时间和空间都在公共文化动态演进中留下了鲜明的印迹，而这种印迹表现为公共文化的另一个重要特征——差异性。公共文化的差异性具有多种内涵，可以从不同的视角加以观察，但最主要的是形态、空间和社会分层这三种差异。

首先，公共文化具有多种形态。公共文化自形成以来，始终随着人类社会的发展而呈现为动态演进的过程。公共文化的形态差异既反映了人们的不同民族属性以及信奉的不同宗教，也体现在不同的表现方式上，如某种艺术样式所具有的不同审美趣味上，从而区分出人的社会身份和地位差别。在不同的历史时期，社会历史的总体特征给公共文化发展留下了鲜明的历史形态特征。在当代中国，公共文化的形态差异不仅表现为地方性的文化差异，也同样在组织形式上有着鲜明体现。公益性文化事业单位是由国家财政支撑的公共文化生产、供给和服务机构；而以民俗传统存在的公共文化是由民间自发组织生产并共同分享的形态；除此之外，在城市社区，以文化活动为主要内容、民众自愿结成的各类非正规组织，同样也是公共文化形态差异的一种表现。

其次，公共文化具有地域空间特征。现实中的人总是生活在某个地域中，某个地域空间的人群所共同拥有的文化，也会因这一地域空间的自然、历史和社会的独特性而在文化上得以体现。一方面，空间的自然属性表现在地域性上，即某一地方与其他地方在气候、资源禀赋和自然景观上的不同特点，地域的自然空间差异直接影响和制约着生活在其中的人们的生产、居住和交往等。另一方面，地域空间的自然属性虽然影响居于其中的人们的生产、生活方式，并在文化上呈现出来，但是文化本身也赋予这一地域空间以精神内涵，进而构成这一地域的文化空间。实际上，在民俗形态的公共文化中，各地民俗的丰富多样性正是公共文化差异性在地域空间上所体现的鲜明特征。

最后，社会分层和阶级分化不仅在公共文化的形态上造成很大差异，而且构成公共文化内部本身的层次差别。在阶级社会中，不同的阶级在占有掌握生产资料和社会财富方面有着明显差别，致使不同层次的公共文化在建构社会空间过程中具有影响力的强弱之分。公共文化的层次差异正是通过社会空间的建构机制，来区分、规定和约束人的社会地位、阶级、身份及其相互关系。

4.建构性

文化是社会空间建构的结构要素。人们拥有和共享相同的语言、信仰、道德、法律、习俗和生活方式，形成以公共文化为表征的社会共同体。社会共同体的每一个成员，借助公共文化完成其身份认同，执着于共有的信仰、价值、观念和行为方式。这种社会共同体可以是原始社会的氏族部落、乡村社会的村庄，也可以是一个宗教群体、一个民族甚或是一个国家。真实具体的公共文化存在于人们的日常生活之中，并随着生产发展和社会结构的变化不断发展，同时也反过来影响和制约着人类的生产实践和社会进步。

一个国家有其全民共享的公共文化，但这一国家内部还存在着分属不同地域、族群和层次的公共文化，公共文化的这种差异特征或者为某个社会阶层所拥有，或者属于某个族群，或者是某个地方特色的体现，所有这些都不妨碍具有相异性、归属不同的公共文化构成一个整体。事实上，公共文化整体所包含的差异性正是文化内涵丰富多样性的表现，文化内涵的丰富多样性使其充满张力且呈现为生动活泼的文化活力，并成为推动文化在交流融合中发展的重要动力。

但是，公共文化的差异性也可能成为导致社会冲突和矛盾的重要原因。在现代社会，公共文化是社会成员国家认同的最重要载体，主流意识形态以象征符号的方式，通过公共文化的仪式性而处处显示国家的"在场"。但是，如果公共文化内部结构的差异过于巨大，就有可能使分属不同地域、族群和层次的公共文化难以在国家的主流意识形态层面上实现整合，尤其是社会发展进入剧烈变化的时期，过于巨大的公共文化差异甚至有可能导致文化的分裂，从而加剧社会矛盾和冲突。因此，在面对公共文化的差异性上，一方面要从保持文化发展的内在活力出发，保护和发展公共文化内部的差异性；另一方面又要防止过大的差异性引发文化冲突，进而阻碍公共文化在国家层面上对社会的整合。

总之，推进公共文化发展，不在于削除其差异性，而是要使其保持内在的和谐和张力，从而保障公共文化社会功能的实现。

（四）文化生产视角下加快公共文化发展的若干思考

从生产方式的角度看，公共文化是人类生产不可或缺的组成部分，是文化生产的两大基本形态之一，公共文化的发展演进和形态变化，需要从文化生产的角度来理解和把握。作为一种特殊形式的社会生产，公共文化生产与物质生产一样，也有其产品，即观念形态的思想、意识、心理和情感等，而生产循环过程同样也是一个投入产出过程。但是，公共文化生产有着与物质生产完全不同的经济特性，而且有着不同于非公共文化生产的性质。

从当前我国社会主义公共文化发展的实际情况看，与公共文化这一概念高度相关的文化发展实际状况，其形态差异不仅仅体现在内容、生产形式、组织方式等体制多样性上，而且从领域来看，也表现为不同形态的公共文化相互交叉的局面，甚至与经营性的文化生产也有着相互关联和缠绕的复杂关系。

公益性文化事业的基本内涵大致可以归纳为三点：一是公益性，所谓公益性文化事业是指不以营利为目的，没有生产性收入，经费由国库支出的社会文化活动；二是公益性文化事业单位提供的服务内容，主要是知识、信息、历史文化和娱乐等，主要的功能是增进公民的知识、道德修养，培育高尚的人格，形成健康向上的生活方式；三是公益性文化事业单位的服务对象是全体公民，只要是公民，都有权享受国家法定的公益文化服务。根据目前的情况来看，划入公益性文化事业的主要有公共图书馆、博物馆、纪念馆、文化馆、科技馆等各种公共文化设施。

但是，由于公共文化形态的多样性，以国家财政支撑的公益性文化事业体制无论在内容、活动方式，还是在组织形式上，都没有全部覆盖整个社会的公共文化领域。由此引出的一个问题是，在我国建立和完善社会主义市场经济体制的大背景下，如何从文化生产的视角着眼，进一步优化配置公共文化生产的各种资源，充分激发我国公共文化生产的巨大潜力，以满足广大人民群众日益增长的精神文化需求。这就必然要求，国家的整体文化发展和管理体制要为更有效地推进公共文化发展提供保障。

当前，我国文化发展领域正在深入展开的文化管理体制改革，就是要从解放文化生产力的前提目标出发，通过改革计划经济时代形成的公益性文化事业体制，明确区分公益性文化事业和经营性文化产业，形成覆盖社会整个文化发展领域的统一有序、与社会主义市场经济体制相适应的文化管理体制。毫无疑问，加快推进文化管理体制改革是一项十分艰巨的任务，面临诸多挑战，但其主要难点不在于如何区分公益性文化事业和经营性文化产业，而在于如何从我国当前公共文化发展的实际出发，尽快建立起能够覆盖公共文化全部领域、统一的管理体制。

第一，这一新型管理体制必须切实保障公共文化的健康发展。公共文化既然是不以营利为目的，是公民的基本文化权利，应当受到保护，发展公益性文化事业，为公民提供高质量的公益文化服务应当是政府的职责。但是，在经济体制从计划经济向市场经济体制转变过程中，人们对这个问题一度认识不清，对公共文化的性质、内涵和形态的认识和理解存在误区，公益性文化事业因此一度受到冲击。在一些地方，公益性文化事业被不恰当地推向了市场，一些地方政府减少了对公益性文化事业的财政支出，使这样一些公益文化事业的生存遇到了危机，不得不搞所谓的经营活动，不仅失去了公益性，也改变和挤压了公益性文化服务的空间。现在，人们对这一问题的认识已经澄清。

第二，这一新型文化管理体制要能充分动员和合理配置全社会的公共文化资源，充分激发全社会发展公共文化事业的巨大潜能。现在所讲的公益性文化事业，主要是从其外在形态上来理解的，即由国家财政支撑，在资产上归属国有，由各级政府兴办的各种公共文化服务设施，都有场地、设施和具体的内容。随着经济社会的不断发展，公益性文化事业本身已经有了较大的发展，这种发展不仅是在原来基础上规模的不断扩大，而且在组织形式上和资产归属上也有了多种模式，如各种民间文化社团；在资产性质上也不仅是国有一种，而是多种所有制或混合所有制并存。因此，改变原有国家财政只支持国有公益性文化事业单位的制度规定，建立起能够覆盖整个社会全部公益性文化单位的文化管理体制模式。新的文化管理体制应当不管各类公益性文化机构的组织形式、资产性质有何不同，只从组织的社会功能看其是否是为社会提供公共文化产品和服务的机构，都能将其纳入统一的管理体制，从而保障各类公共文化机构能在公平、竞争、有序的体制环境中提高组织运行绩效，推动公共文化的加快发展。

第三，当前深化文化管理体制改革的另一个着力点，就是要使公共文化发展在内容和形式方面有进一步扩大和深化的空间。公共文化的本质是公益性文化。它可以是实的内容也可以有虚一些的内容。从大文化概念来理解，现在所说的思想道德建设和精神文明建设都是文化工作，是广义上的公共文化。改革开放以来，历次党的代表大会报告有关"文化建设和文化体制改革"部分都把这些内容包括在内。现在文化宣传部门面临的一个突出问题是宣传思想工作如何在新形势下增强有效性、精神文明建设如何虚事实做等。这一问题的背后，反映了传统的文化管理体制、宣传思想工作方法和精神文明建设体系，在新形势下的不适应。改变传统的文化理念，转变观念，拓展对文化的认识，切实把握文化发展的趋势，就可能在推进公共文化发展中找到化解矛盾和问题的新方法和新途径。比如，行业道德建设，这一问题不仅涉及市场秩序，也关系到每个公民的切身利益，行业道德建设通过树立行业规范，形成诚信观和正确的义利观，使所有的消费者和经营者都受益。又比如，志愿者活动，志愿者活动的参与者无私奉献，体现了高尚的道德情操，其活动本身是在传播一种高尚理念，对倡导良好社会风气，提高城市文明程度和市民文明素质，具有十分积极的示范作用。这类活动需要有一定的投入，特别是由政府来投入，发挥激励和引导作用。这不并是说志愿者都要从活动中获取报酬，志愿者的参与本身是义务的。但这些活动都要有一定的组织来把分散的个人组织起来，也需要有一定的形式，聚焦一定的目标来开展活动，也就是说它可以成为公共文化生产和传播的一种载体。这将是公共文化与宣传思想工作和精神文明建设活动相结合的新契合点。

第四，新型文化管理体制不仅要激发社会主义公共文化的生产潜力，更要有利于社会主义核心价值观在人们日常生活中的实践和外化。从当前来看，公共文化发展的另一个新增长点将是在社区建设领域。社区是人们的居住地，除了环境优美、交通方便，以及各种生活服务设施如商店、学校、医院、娱乐场所都配套齐全外，文化是体现社区内在品质的最主要因素，它不仅是指一些文化场所设施，而且包括社区居民的生活方式、精神风貌和道德水准，总之是一种人文因素。社区文化中心建设是公共文化的重要载体，但这只是硬件部分，从软件部分的内容来看，公共文化在社区建设领域可拓展的空间十分广阔，它不应仅局限于社区居民的日常文化娱乐活动，某种意义上它正在呈现出与公益事业相结合的趋势，而这恰恰是社会主义核心价值观在日常生活中作用于人们行为的践履，如关心青少年成长、倡导健康生活方式、远离毒品、罪犯的社会校治等。也就是说，公共文化的发展不仅是其自身的事情，也会极大地影响社区建设和社会发展，是经济社会协调发展的催化剂。从学习实践科学发展观的角度来看，促进经济和社会的协调发展，必须大力发展社会主义公共文化。问题的关键还在于如何转变观念，突破条块分割的体制障碍，以一种全新的工作思路和方法来介入和渗透这些新的领域，为社会主义的公共文化发展开辟新的广阔空间。

二、我国农村公共文化服务建设的成效

我国 2018 年政府工作报告指出，近五年来文化产业保持着 13% 以上的年增长率，文化事业发展繁荣，农村公共文化服务建设成果十分丰富。

（一）农村公共文化服务相关政策逐步完善

党的十八大报告提出了重点文化惠民工程，并指出其投入重点对象就是农村地区，积极推动公共文化服务的免费供给。随后党中央、国务院、各级地方政府纷纷出台相应的农村公共文化服务保障措施，从资金投入、项目实施、工程建设、人才培养、引导社会组织参与诸多方面开展了一系列的政策支持。党的十九大提出了乡村振兴战略，为全面推进我国农村公共文化服务建设提供了行动指南，中共中央、国务院于 2018 年初出台了《关于实施乡村振兴战略的意见》，提出了健全农村公共文化服务体系的新要求。近年来，一系列有关文化建设的方针政策的密集出台充分说明了我国农村公共文化服务建设获得了大量的政策扶持，其政策扶持体系正在逐步完善。

（二）农村公共文化基础设施建设不断加强

基础设施建设是农村公共文化服务建设和发展的基础，也是重要的传播载体。近年来，中央和地方政府高度重视农村公共文化服务基础设施建设，不断加大财政投入和中央财政转移支付力度，我国农村公共文化基础设施建设不断加强，逐步形成了覆盖县、乡（镇）、村三级公共文化基础设施网络。2017年我国公共文化领域的计划总投资已经超过了8000亿元，实际新开工项目总投资2137亿元，新开工项目数量超过5000个。

在中央财政资金的支持和带动下，文化基础设施建设进一步向农村地区倾斜，我国农村公共文化服务的基础设施建设投资规模也在不断增加。根据文化部数据统计，截至2016年年底，我国总共拥有公共图书馆数量为3153个（其中县级公共图书馆超过2600个），其中每万人拥有的公共图书馆设施面积已经超过了90平方米，乡镇一级的文化站超过41000个（其中综合类文化站达到了35629个）。目前，我国大体上形成了县有公共图书馆、乡镇有综合文化站、（行政）村有文化活动室的城乡全覆盖的基础设施网络体系，为农村公共文化服务建设和发展奠定了坚实基础。

（三）农村公共文化服务水平有所提升

根据前文所述，我国农村公共文化服务基础设施数量是非常庞大的，其中乡镇综合文化站的规模超过了30000个。据统计，目前全国公共文化机构相关从业人员的规模已经超过了15万人，保证了农村基本公共文化服务的人员配置，能够有序开展相关文化活动，特别是人员结构得到了较大改善。近些年来相关从业人员的素质得到提升，其中高级职称人员的比例从2012年的4.45%上升到2017年的5.21%，中级职称人员的上升幅度也较大，从2012年的占比18.22%上升到2017年的20.88%。

（四）公共文化服务的资源也逐渐丰富

根据数据显示，截至2016年，我国公共图书馆的馆藏量已经达到90163万册，电子设备数量达到13.49万台。从2012年到2016年，公共图书馆馆藏量除了2013年有所下降外，每年保持上涨趋势，2016年馆藏量比2012年增长了14%以上。电子设备数量也大大增加了，2016年数量比2012年增长了33%。而且由于基层文化惠民工程的开展，大量的馆藏以及电子设备都覆盖到了县级乃至乡镇的公共文化设施领域，农村公共文化服务水平得到了明显提升。

三、我国农村公共文化服务建设存在的问题

（一）农村公共文化服务供给不足

农村公共文化服务建设过程中存在明显的供给不足问题，农村公共文化服务基础设施建设和农村公共文化产品和服务难以达到满足农民精神文化需求的水平。

根据中央有关农村公共文化服务设施建设的标准和要求，到2020年农村乡镇一级要

建有集文化娱乐、书报刊借阅、电子信息阅读、广播影视宣传、教育科普培训、体育健身和青少年活动于一体的综合性文化服务中心，同时对建筑面积和相应的功能设施都提出了具体的要求。但目前广大农村基层公共文化服务设施普遍都没有达到这个建设标准，公共文化服务设施普遍陈旧落后，一些边远山村，甚至没有实现广播电视光纤联网。一些村民还面临看电视、听广播难的问题。公共文化服务设施的建设布局和标准功能大多不适应现阶段农村文化事业的发展和需求。随着农村基层对文化需求新的增长，这方面的问题就更加凸显。例如，大多数文化站与乡镇政府在一起办公，缺乏专门的文化办公场所。如果举办大型文化活动，只能到户外找宽阔的场地，设施还需要去县级文化站去借。农村文化设施的缺失导致农民参与文化活动积极性的降低，农民的需求得不到满足，不利于乡村振兴战略的实施与发展。

农村公共文化服务供给不足还表现在"供不合求"，供给与需求脱节，公众参与度偏低，公共文化服务效能不高。目前，我国一些基层政府未能深入农村了解农民的精神文化需求，仅根据中央或者上级政府的要求，提供较为一致性的公共文化服务。在一些基层文化部门的通报和要求中，只强调建成的场馆数量和活动次数，对内容质量缺少关心，更缺乏对农村居民满意度的关注。农村地区缺乏丰富多彩、积极向上的文化活动，农村的艺术团体数量少，演出场次少，且大多数演出内容与农村居民的需求不一致。公共文化产品的供给也存在类似问题，大多数公共文化产品内容陈旧、质量较低，难以符合广大农民的口味。以农家书屋为例，村活动室里摆放的畅销书有限，返乡创业者期望获得的创业创新方面的书籍较少，缺少农民所需要的农业科技、文化教育、职业指导等方面的书籍，更缺乏专业人员引导阅读这些专业书籍，有的图书室甚至只是在应付检查时开放。而农村电影放映则只为应对上级要求，而根本不精挑细选优秀的、符合农民喜好的电影，所以也鲜有人问津，相当部分文化惠民活动流于形式，最终变成一厢情愿。

（二）农村公共文化服务地区间差异明显

仍然以农村公共文化基础设施建设为例，目前已建成的乡镇综合文化站超过了30000个，但仍然存在部分乡镇尚未建成综合文化站的情况（根据2016年的数据显示，尚未建成综合文化站的乡镇占比为13%）。可见，目前我国农村公共文化服务建设的地区间差异仍然存在。由于地区间经济发展不均衡，经济相对较发达地区的相关基础设施建设投入更多，基础设施的规模和公共文化服务的产品供给都比经济欠发达地区更大更丰富（据统计，2016年东部地区的综合文化站面积已经超过1000平方米，而西部地区仅为296平方米；且在平均活动经费上，东部地区每年为7.84万元，西部地区仅为0.6万元）。

（三）农村公共文化服务人才队伍缺乏

前文所述，虽然目前我国农村公共文化服务人员规模不断扩大，人员结构素质有所提升。但农村人口众多、乡镇分布广泛，现有人才队伍的规模与结构都难以满足农村公共文化服务发展的需要，缺乏高学历和有专业技术职称的文化人才。就人才队伍的规模来看，虽然每一个乡镇综合文化站都配备了相关管理人员，但是其中兼职人员过多，多数文化专干身兼数职，真正花费在农村公共文化服务上的时间精力都十分有限，专干不专现象突出；基层文化队伍普遍工作条件较差、工资待遇不高，工作积极性难以得到有效调动；就人才队伍的结构来看，现有人才的断层现象十分明显，相关人员的年龄结构非常不合理，年轻人回到基层工作的意愿不强烈，乡镇综合文化站的工作难以达到其工作预期，部分年轻工作人员的工作激情有限，将农村基层工作当成跳板，并未能扎根农村，人才队伍严重不足。各类文化志愿服务活动也大多集中于城区地段，基层农村文化资源服务普遍欠缺。

（四）农村公共文化服务的法律法规不够完善

党的十八大以来，在党中央、国务院的高度重视下，我国现代公共文化服务体系建设取得了令人瞩目的成绩，公共文化服务政策法规不断完善，已经逐步建立覆盖财政投入经费保障、公共文化设施、公共文化产品和服务供给等领域的政策法规体系。目前，我国与公共文化服务相关的法律有 6 部，专门公共文化服务性行政法规 3 部，文化部专门性部门规章 4 部，国务院及其各部委与公共文化服务相关的规范性文件 200 余个。

而我国农村公共文化服务建设长期得不到应有的重视，相关法律规范基本上处于空白，农村公共文化服务建设更多是以党委、政府的文件和领导讲话为依据，或者是一些行政规范性的文件，没有上升到国家法律高度，效力层级偏低。相关规范性文件也主要是从宏观层面规定公共文化建设的目标和任务，在微观层面缺乏刚性的政策支撑，特别是具体的政策规定，如财政政策、经济政策、人才队伍建设的政策等。中央政府出台许多文件及报告将农村公共文化服务法制化建设提上了议程，目前只有《中华人民共和国公共文化服务保障法》能提供参照，相关法律法规立法思想以管理为主导，侧重于义务和处罚条款的设定，忽视参与主体的权利保障。农村公共文化服务法制建设的相对滞后导致城乡公共文化服务建设的差距进一步加大。

第二节　我国农村公共文化服务建设财政政策的发展历程

随着国家经济的发展和改革开放的不断深入，我国财政体制经历了"统收统支""包干制"和"分税制"的发展和演变，在财政体制沿革过程中，我国农村公共文化服务财政政策主要经历了三个阶段的发展和演变：1949—1978 年的起始阶段，1979—1997 年的探索阶段，1998 年至今的深化阶段。

一、起始阶段（1949—1978 年）

中华人民共和国成立初期，主要是因为生产力水平落后，加上苏联模式的影响，我国选择了计划经济之路，国家财政承担和分配国家各部门、社会各行业的各类收支，这一阶段的财政体制是统一收入和统一支出的收支两条线型管理体制。原来的民间或私营文化机构已经转变为国有文化机构，形成了由国家保证和主导的文化生产、管理和服务体系。契合计划经济体制和统收统支财政体制的特点和要求，我国农村公共文化服务建设采用包揽型财政政策，这一政策要求国家财政支持公共文化服务发展，保障文艺工作者的工资、建设文化机构及文化设施等的资金。财政资金借助文化系统进行层层流通和划拨，实现了中央政府对基层农村公共文化服务建设的投入。

起始阶段（1949—1978年）包揽型的农村公共文化服务建设财政政策的具体实施情况如下：这一时期，我国建立了大量的县级公共图书馆、电影院、博物馆、广播电台等公共事业单位，国家财政对该类公共事业单位进行大力扶持。国家财政资金包揽了单位人员工资、设备购买、产品生产、设施建设、文化活动等各项支出，并且扶持设立和发展乡（社）级附属的文化站点和村社、村组（队）的文化宣传队。改革开放前中国的农村公共文化服务建设和发展获得了充分的财政资金保障，文化事业机构的生产与运营服务于国家战略特别是国家面向农村和农民的意识形态和政治文化灌输战略。在此时期，由于统收统支的财政制度，文化事业并没有分为所谓的文化事业和文化产业，所有这些都称之文化事业。包揽型财政政策虽利于文化工作者创作和发展，但也导致了体制僵化、效率低下和财政资金需求过大的问题。

包揽型农村公共文化服务财政政策产生了诸多影响。具体来看，这种财政政策有利有弊。一方面，这一财政政策完成了我国农村公共文化服务基础设施的基本覆盖，由于财政资金兜底，基本上每个基层乡镇都能建成较为一致性的基础设施；虽然这类基础设施较为初级，但通过它保证了在经济物质相对贫乏时代农民的精神文化的基本需求；也达到了财政政策投入农村公共文化服务的基本目标，基本上实现了农村公共文化服务均等化的初级形态。另一方面，高度集中的"包揽型"财政政策导致了农村公共文化服务供给不足、品种单一、服务形式单调，服务效率低下。全国一盘棋的财政管理体制导致了公共产品的供给无法实现创新，存在明显的低水平供给循环现象；而且完全由政府管理的农村公共文化服务存在明显的低效率现象，虽然公共产品供给不断，但供给的质量和时间难以保证，政府工作人员易产生懈怠情绪，影响农村公共文化服务的供给质量。

二、探索阶段（1979—1997年）

探索阶段（1979—1997年）的发展背景是我国实行改革开放。改革开放打破了高度集中的"统收统支"的财政体制，在计划经济向市场经济转变过程中，我国经济形态和格局发生翻天覆地的变化，推进了一系列财政领域的改革，逐步建立了中央和地方分类管理、"分灶吃饭"、财政包干式等财政管理体制，地方政府拥有一定的财政自主权，可以独立安排财政资金的用处。政府部门特别是地方政府越来越倾向于将更多的财政资金投入于经济建设领域，中央政府由于实行财政包干、"分灶吃饭"，其财务地位的能力已被削弱。适应财政体制改革的潮流，我国农村公共文化服务的财政政策也发生了较大变化，国家财政支持农村公共文化服务建设的方式也逐渐从最初的国家统一拨款到分类适用，实行差别化的财政政策。

探索阶段（1979—1997年）差别化的农村公共文化服务财政政策实施情况如下：国家财政根据文化事业的性质和特点（特别是文化事业单位是否有稳定和持续性的业务收入）给予差异化的支持，一方面，国家重新界定文化事业的性质，文化事业依照其收入水平和盈利能力分为公益性文化事业和经营性文化产业；另一方面，国家以文化事业单位是否有稳定的营业收入为标准划分不同层次（全额、差额、自收自支等）的文化事业。全额预算管理单位是基层文化建设的基础，具有高度的基础性和较强的公益性，国家财政支持人员工资、业务经营和文化生产、运营和传播等各事项的支出，财政支出方式多为预算包干、结余留用的办法等；差额预算管理单位是国家财政对其固定项目、人员、机构及文化生产经营支付一定的津贴；而有经常性收入单位转变为自给自足的管理单位，财政基本没有补贴。在这一分类管理体系下，一些公共福利文化事业单位，如公共图书馆、博物馆、文化中心、科技馆、群众美术馆等仍得到国家财政拨款的充分支持；对于具有一定的自营收入的单位，如党报、广播电视台和某些艺术社团，它们被归为准公益事业机构，财政给予差额补贴，逐步从直接拨款转向项目投资、服务购买等；对一些具有较强自立能力的文化机构，如电影院、歌剧院、书店、影视制片厂等，它们不再被归类为公共机构而被归为文化经营性产业，财政不再补贴。通过上述一系列改革措施，文化财政有进有出、张弛有度，并保留了自己的所有权，逐渐形成符合市场经济和公共财政要求的财政支持体系。从县一级来看，公益性较强的文化事业单位，如县博物馆、县文化馆、县美术馆、县文化站等仍由国家财政全额资助；而广播电视台、县级报刊、县级文化馆等文化事业单位因具有一定的自营能力，财政进行差额补贴；电影院、歌剧院等自营能力强的文化事业单位则面向市场。从乡镇一级来看，一些乡镇附属文化站不再列为财政支持机构，相反他们被推向社会，政府只购买其提供的公共文化服务，不为其人员和设施提供财政支持。

差别化的财政政策产生了较为重要的影响，在推进农村公共文化服务发展的过程中起到了一定的积极作用。摆脱了较大的财政负担压力的地方政府，能够更加高效地提供基本公共文化服务，特别是伴随着改革开放的步伐，农村公共文化服务的供给逐渐多样化、多元化；差别化的财政政策还促使农村公共文化服务走向市场，政府完全管理的模式已经消失，随着社会组织的参与，农村公共文化服务的活力也逐渐显现，在一些地区农村公共文化服务已初步形成区域文化市场，营造了良好的文化氛围，完善了农村公共文化服务体系。但差别化的财政政策也造成了一些负面影响，由于财政政策的"一刀切"，部分属于基本公共文化服务领域的文化事业单位也失去了财政支持，在市场化的过程中，一些县级农村公共文化服务机构开始消弭甚至消失，如县级电影院及地方剧团的倒闭等，也造成了部分地区农村公共文化服务的缺失。

三、深化阶段（1998 年至今）

深化阶段（1998 年至今）的背景是 1998 年党的十五届三中全会提出的《中共中央关于农业和农村工作若干重大问题的决定》，这一决定促进了农村文化事业的发展，深化了市场经济发展和开创了农村公共文化服务建设新阶段。就财政政策的选择而言，主要是在市场经济的发展过程中，特别是在农村公共文化服务财政政策的调整和乡镇财政资金缺乏的情况下，农村公共文化服务机构不断萎缩甚至消失。例如，乡镇文化站不再作为农村文化的管理和运行机构，乡镇机构和乡镇电视台不再发挥作用；县级文化馆也面临资金短缺、人员不足、设备陈旧等问题。

为避免农村文化的"荒漠化"和"空心化"，尤其是为了避免农村地区主流意识形态和主流文化缺失以及弥补"有进有退""有保有放"的分类型文化财政体制的不足，近年来，国家财政已经开始构建新形式下的农村公共文化服务财政支持政策，农村公共文化服务的财政保障机制自 20 世纪末以来逐渐出现，主要以项目为基础的工程项目型财政政策，通过各种形式的工程项目，国家财政资源得到加强。国家财政资金在一定程度上形成了一种"定向增量投入"的农村公共文化服务财政投入机制。

深化阶段（1998 年至今）的农村公共文化服务建设财政政策的具体实施情况是：实施广播电视村村通项目、乡镇综合文化站建设、农村电影放映项目等农村公共文化服务项目。国家和部委实施的送书下乡项目、农家书屋建设项目和农村流动舞台车项目，此外，还有其他形式的文化遗产和文化资源在农村地区的传承和保护项目，如文物保护、遗址保护、地方戏曲戏剧保护等。随着我国经济的高速发展，工程项目型财政政策在实施过程中取得了突出成效，国家财政资金投入农村公共文化服务领域的规模不断扩大，根据这些项目工程的实施情况可以看出，现阶段的农村公共文化服务的财政支出规模相较于以前获得了非常大的发展（前文已述，2017 年新建公共文化项目总投资为 2137 亿元）；而且农村公共文化服务的覆盖范围不断扩大，从乡镇一级逐步扩张到村级，甚至是自然村内；公共产品的供给水平也不断提升，除了基本公共服务领域涉及的社会保障、基础教育、文化推广等内容，还提出了家风文明推广、人才队伍建设、非物质文化遗产保护等诸多新型公共文化服务，极大地丰富了农村地区的文化内涵。但工程项目型财政政策也存在一些不足，在目前我国财政分权体制下，这一类型财政政策对地方财力有着一定要求，所以经济发达地区的农村公共文化服务领域的工程项目实施情况更好，其工程项目的财政投入和政策执行情况都有着较高保障；而经济欠发达地区的农村公共文化服务项目只能依靠中央转移支付，财政投入能力有限，有些工程项目无法落实下去，造成地区间农村公共文化服务的差距日益加剧。还有些工程项目存在建成后的日常维护工作缺失的问题，受限于当地财政能力或者政策执行人员的素质，部分工程项目在建成后未能得到有效利用，相关基础设施的维护工作不到位，造成财政资源的极大浪费。

近年来，党和政府高度重视农村文化建设，把农村文化建设作为提升我国文化竞争实力的重要措施和服务型政府建设的重要组成部分，在乡村振兴战略背景下，农村公共文化服务已成为社会主义文化建设的重要内容和财政支持的重要领域。据相关数据显示，自 2004 年以来，农村公共文化服务财政投入比例占全国文化事业财政投入的 30% 左右。

第三节 我国农村公共服务建设财政政策的主要内容

一、农村公共文化服务机构和基础设施财政政策

在农村公共文化服务领域，政府部门组建了一系列文化机构，这些机构主要从事的工作是农村公共文化的收集和传播。县级层面主要包括图书馆、文化中心、美术馆、博物馆和剧院等机构，这些机构一般隶属于县级文化局、文物局等行政部门并且是全额财政拨款；乡镇层面主要包括农业站、文化站和广播电台等机构，这些机构一般隶属于乡镇政府出资或支持的事业单位并且一般也有财政支持。

随着市场经济的发展，原本属于完全财政拨款的一些公共文化机构变成了没有财政拨款或部分财政拨款，或者转变了所有权变成了文化企业或社会组织，导致农村地区公共文化机构正在缩减，财政支持也正在减少或减弱。但是，从实际情况来看，财政并没有完全取消对这些文化机构的支持。在国家文化改革政策和文化发展战略的支持下，一些农村公共文化机构得到了更多的财政支持。例如，县级图书馆、县级文化中心和县级博物馆往往能获得更多的财政资金。此外，乡镇综合文化站也获得了上级财政的全力支持和保障。可以认为，农村公共文化服务机构和服务设施的财政支持政策仍在正常运行，但方法和手段发生了变化，财政资金投入规模在不断扩大。

二、农村公共文化服务基本供给与改革工程财政政策

为保证农村公共文化服务机构继续发挥作用，避免失效或消失，20 世纪 90 年代末开始，国家部委已独立或联合实施了一系列农村公共文化支持和发展项目。

近年来，国家开展的重大公共文化服务惠民工程有：农家书屋工程、农村文化信息资源共享工程、农村电影放映 2131 工程、乡镇综合文化站工程、广播电视村村通工程、三农出版物与送书下乡工程等。

一是农家书屋工程。为深入贯彻落实中共中央、国务院《关于推进社会主义新农村建设的若干意见》和《关于进一步加强农村文化建设的意见》等多个文件精神，切实解决农村居民面临的图书难购、图书借阅困难等公共文化服务问题，2007 年新闻出版总署牵头并联合中央文明办、国家发展和改革委员会、科技部、民政部、财政部等部委发布《关于印发〈"农家书屋"工程实施意见〉的通知》，在全国范围内开始实施"农家书屋"工程。农家书屋项目由政府组织建设和鼓励社会捐赠，农民自主管理、自我服务，进行自主经营。到 2016 年，中央和地方财政累计投入资金 180 多亿元，筹集社会资金 70 多亿元，在全国范围内共建有 70 多万个标准书屋，基本实现农家书屋在全国行政村的全覆盖。

二是农村文化信息资源共享工程。2002 年，文化部、财政部共同组织实施文化信息资源共享工程，利用高科技手段对优秀传统文化进行数字化加工，利用各种新型传播载体如互联网、手机等，再借助图书馆、文化站等载体，在全国范围内实现文化信息资源的共建共享。2005 年 11 月，中央出台《关于进一步加强农村文化建设的意见》，提出要发展农村数字文化服务项目，农村文化信息资源共享工程必须与其他文化设施和服务相协调，创办乡镇和村级信息服务站点。2006 年"十一五"规划将农村文化信息资源共享工程列入其中，规划中明确指出，为不断完善文化信息资源共享工程和丰富基层的信息资源，中央和地方政府必须给予相应财政支持。2007 年出台《关于加强公共文化服务体系建设的若干意见》，要求文化信息资源共享工程实现共建共享，确保到 2010 年其服务网络基本覆盖各个城镇。2017 年 2 月发布的《文化部"十三五"时期文化发展改革规划》提出，统筹实施全国文化信息资源共享工程、数字图书馆推广工程和公共电子阅览室建设计划，完善国家公共文化数字支撑平台，建设国家基本公共数字文化资源库，资源总量达到 3500 百万兆字节（TB）以上。

三是农村电影放映 2131 工程。1998 年，国家广电总局、文化部、财政部等五个部委联合提出 21 世纪初，在广大农村力争实现每个村每月一部电影放映的目标，即农村电影放映 2131 工程，2005 年 11 月，《关于进一步加强农村文化建设的意见》提出中央和地方政府要给予农村电影放映服务财政支持，加快落实和实施农村电影放映 2131 工程。为规范补贴事宜，国家广播电视总局出台《农村电影公益放映场次补贴管理实施细则》，明确提出只有公益性电影可享受政府专项补贴，补贴方式采用按次拨款，村民可免费观看。"十一五"期间，中央财政补贴中西部地区近 6 亿元电影放映设备和 10 亿元电影放映场次，2017 年 5 月，《国家"十三五"时期文化发展改革规划纲要》文件提出要完善公共文化服务网络，探索农村电影放映长效机制。"2131 工程"从农村已经延伸至厂矿、社区、企业、学校和机关等多个企事业单位。

四是乡镇综合文化站工程。《关于加强公共文化服务体系建设的若干意见》（2007 年8 月）提出要建设乡镇综合文化站，其主要职能为：提供公共文化服务、指导村社文化、协助管理指导农村文化市场等。《乡镇综合文化站管理办法》（2009 年文化部制定）指出，乡镇综合文化站需发挥承上启下的作用，向上对接县级文化服务机构，向下对接农村，对村落公共文化起指导作用。《全国"十一五"乡镇综合文化站建设规划》明确规定，每个国家级贫困县的乡镇综合文化站平均享受 20 万元补助，而东部地区的乡镇综合文化站中央不资助，由地方自行解决。

五是广播电视村村通工程。1998 年，原国家广播电视部和国家计划委员会为解决边远农村听广播看电视困难的问题，启动广播电视"村村通"工程。第一阶段实施是 1998 年至 2003 年，国家共投入财政资金 30 多亿元，完成了近 12 万个已通电行政村"村村通"工程建设，解决了近 1 亿农村群众听广播看电视困难的问题。第二阶段从 2004 年开始，共完成 10 万个 50 户以上已通电自然村"村村通"工程建设。第三阶段是"十一五"期间，实现 20 户以上已通电自然村"村村通"广播电视，全面加强农村广播电视无线信号覆盖。为实现《"十一五"全国广播电视村村通工程建设规划》中任务，国家统计局估算政府需投入 107.5 亿元财政资金。中央政府投入 34 亿元，缺额资金由地方筹措。2016 年国务院办公厅发布了《关于加快推进广播电视村村通向户户通升级工作的通知》，提出了中央与地方分级负责的财政投入政策，考虑地区财力实施分层财政转移支付，并支持地方政府统筹资金、加大投入和积极鼓励社会组织参与村村通工程建设。

六是三农出版物与送书下乡工程。2005 年 11 月，《关于进一步加强农村文化建设的意见》文件的出台推动"三农问题"的解决，文件明确指出要建设三农出版物与送书下乡工程，增加农村地区书籍保有量，直接将有关书籍以政府采购方式下发至各乡镇乃至村委会，在建设过程中要倾向于接近农民生活的出版物及适合"三农问题"的相关书籍，提高农民群众的农业知识乃至综合知识阅读能力。2017 年 2 月发布的《文化部"十三五"时期文化发展改革规划》提出，在乡镇（街道）和村（社区）统筹建设综合性文化服务中心，配套建设文体广场、文化活动室、简易戏台并配备阅报栏（屏）、文化器材（含灯光音响设备和部分乐器）、广播器材和体育健身设施等。

三、农村公共文化服务特色传承与保护项目财政政策

不同的农村地区往往具有不同的文化资源，特别是一些具有历史性文化遗产资源的地区。为了确保各种文化遗产资源得以保护和传承，国家投入大量财政资金建设各种形态的工程或项目来保护与传承农村特色文化资源。

农村公共文化服务特色传承与保护项目包括以下几种形态：一是国家和省级政府认定的文物保护单位，国家通过财政拨款进行修缮、保护及推广，如名人故居、宗教道场等；二是国家和省级政府认定和支持的非物质文化遗产保护人，为确保手艺、技能得到传播和继承，国家和地方政府应该加大财政支持；三是特定的文化遗产展览、陈列以及

推广项目,国家和地方政府投入财政资金,建设相应的展览馆、陈列馆、博物馆、遗址公园等公共文化设施载体,国家为确保馆舍建成后的运转及文物展品的保护、更新、修缮,等等,中央政府应继续提供财政资金支持,保证财政资金可持续投入,注重"建""管""用"结合。

第四节 我国农村公共服务建设财政政策的主要问题

目前我国农村公共文化服务建设财政政策体系已初步形成,促进了农村公共文化服务的发展和农村文化繁荣,虽取得了一定的成效,但仍然存在着一些问题,如财政投入总量不足、财政支出结构不合理、财政转移支付制度不完善、财政资金使用效率不高、财政政策与需求不匹配等。

一、农村公共文化服务财政投入总量不足

近年来,我国政府越来越重视公共文化服务体系的建设,在公共文化服务领域的财政投入不断增长。2016 年全国文化事业费达到了 770.69 亿元,是 2008 年的 247.66 亿元 3 倍以上,保持着每年 20% 左右的增速。

但是整体投入规模仍然较低,与同时期的财政总支出相比,其所占比重太低。2016 年全国文化事业费占财政总支出的比重仅为 0.41%,而且自 2008 年起,其所占比重一直在 0.40% 左右徘徊,整体规模未能得到较大提升。

全国文化事业费的总体规模较低,农村公共文化服务领域的占比更少。从 2008 年开始,农村文化事业费占全国文化事业费的比重一直处于上升阶段,到 2014 年占比已经达到了 30.63%,但 2015 年回落到 28.12%,2016 年又上升到 28.75%。农村文化事业费的占比一直在 30% 左右,虽然规模有所上升,但是过低的占比说明农村公共文化服务领域的财政总投入还非常不足。

而且与其他公共服务事业相比,文化事业所占比重也较小。文化体育与传媒支出在科技文卫支出中是比重最低的公共服务事业。以 2016 年来看,文化类支出仅占比 1.91%,教育支出占比达到 15.68%,科技支出占比为 3.61%,医疗卫生支出占比为 6.76%,文化类支出比重最低,且与科技支出相比,都仅为其支出的一半左右。

综上所述,不难发现资金瓶颈是制约农村公共文化建设的主要原因,因为地区发展需要大量的投入,鉴于广大农村地区经济发展水平较低,财政收入有限,农村公共文化服务建设水平严重滞后。一般而言,农村公共文化服务建设中政府的作用尤为重要,在民间资金和社会资金不足的情况下,需要政府加大投入,但由于中央支持有限,地方自有财力不足,在一定程度上影响农村公共文化服务供给。

具体而言,一是地方政府财力不足。农村地区经济发展水平低,地方财政收入有限,

很多地区的地方财政收入仅仅够维持"吃饭财政"，很难在农村公共文化服务建设中发挥财政的支持功能。二是中央财政投入不足。随着区域经济协调发展的逐步推进，国家对中西部地区的支持力度逐年增加，但从农村公共文化服务发展所需要的资金来看，仍然是杯水车薪，纵向转移支付总量不足，横向转移支付基本处于空白，未能很好地解决地区发展差异性问题。由于存在较大的资金缺口，导致相关人员配置、基础设施建设都存在缺失问题。

二、农村公共文化服务财政支出结构不合理

如前文所述，虽然我国农村公共文化服务领域的财政投入在不断增长，但是相较于城市及经济发达农村地区而言，农村公共文化服务财政支出结构还存在明显失衡现象。

（1）财政支出的城乡差距明显。当前我国城乡公共文化服务建设的财政投入呈不均衡发展态势，农村地区公共文化服务财政投入少，基础设施薄弱，可支配的财力比较弱，农村公共文化服务领域的财政支出占比一直处于30%上下，相较于城市可获得的大量财政资金投入，农村地区的财政规模不足以满足现有的资金需求，出现失衡现象是不可避免的。在有限的财政投入前提下，农村公共文化服务的财政支出导向必然是有选择性的，在这一过程中，有些地区选择将大量资金投入公共文化服务基础设施建设上，其他方面的财政投入自然只能减少，这样就导致公共文化服务无法全面发展。实际上，部分形态的农村公共文化产品、农村公共文化服务设施或服务项目，不需要大规模地提供，可以考虑在乡村振兴战略下城乡融合发展的大背景下，对城乡或区域内的相关资源进行优化配置，共建共享共赢，但基本前提是拥有足够的财政投入规模。

（2）财政支出上的区域差距也非常明显。受当地经济发展水平的影响，中西部地区的农村公共文化服务财政支持力度自然无法与东部地区相比。我国东部地区的文化事业费占比一直保持超过50%，其中最高2013年的时候，比例达到了64%，说明东部地区的公共文化服务领域的财政投入规模更大。中部地区和西部地区的文化事业费比例相加也未能超过50%，其中，中部地区的文化事业费比重略高于西部地区，但是差距不大，总的来说，经济欠发达的中部和西部地区的公共文化服务财政投入规模相对较小。而且就人口分布来看，东部地区的农村人口相对较少，中西部地区农村人口较多，而且分布范围也更加广阔，现有的公共文化服务领域的财政支出存在明显的结构不合理。

（3）财政支出的项目结构不合理。地方政府在农村公共文化服务领域会产生明显的区域竞争行为，因此会将大量的财政资金用于形象工程建设，对于较为普遍的基本公共文化服务内容（乡村文化站、图书室、文娱活动等）投入的资金较少，造成财政支出结构失衡。在农村公共文化服务建设中，各地政府都将注意力放在获取上级财政拨款上，而将财政支出的项目选择放到次要位置。目前国家在农村公共文化服务领域的财政投入

较多用于基础设施建设、人员配备、机构运行经费和设备购买上，由于这些项目的投入往往能够较为明显地体现农村公共文化服务的表象，而且可以解决基层组织的部分行政编制问题和财政供养难题，导致过分注重上述内容，忽视了对农村公共文化服务的内容推广，导致人浮于事、机构臃肿、财政支出的资金结构不合理。

三、农村公共文化服务财政转移支付制度不完善

（1）转移支付资金结构不合理。在农村公共文化服务体系建设资金的转移支付中，一般性转移支付和专项转移支付比例不合理，前者比重偏低，后者比重偏高。一般性转移支付是根据各区县的不同情况，套用不同定额核定的方法，核算各区县文化室、站、馆和图书室、馆的数量，进行财政资金拨付。由于一般性转移支付有利于促进农村基本公共文化服务均等化，而且没有详细规定用途，文化部门可灵活使用，基层政府比较喜欢这类的补助。专项转移支付的资金都是针对具体项目，具有较强的政策性和特定用途的限制，在资金的使用上受到严格监管。专项补助形式虽然丰富多样，但是在调动文化部门积极性和消除地区差异性方面效果并不明显。此外，拨款资金的范围过于宽泛，支持重点不突出。补助对象几乎涉及区县的各个文化服务部门，项目分配上类似于"撒胡椒面"，在原本资金就有限的情况下，甚至会出现挤占、挪用区县政府对公共文化投入的现象，导致公共文化财政资金仍处于短缺状态。

（2）横向转移支付制度尚未建立。相较于纵向转移支付，横向转移支付对解决地区发展不均衡问题更加有效。东部地区、城市经济发展速度快，财政收入总量大，基础设施较好；中西部地区、农村地区经济发展缓慢，财政收支矛盾尖锐，通过横向转移支付制度可以促进社会和谐发展，缩小东中西部地区、城乡间财力差距，实现公共服务均等化。目前，在我国现行财政体制下，没有相应的法律制度对横向转移支付进行明确规定，但实际上形成了一种以"对口支援"为主的非制度化的横向转移支付体系，鼓励经济发达地区对经济落后地区的公共文化事业展开对口支援。

（3）转移支付激励和监督机制缺乏。现行的公共文化转移支付制度由于缺乏激励和监督机制，从而导致文化资金的使用效率相对较低。一是在转移支付过程中，一些基层政府存在擅自挪用、挤占甚至截留的现象，专项资金难以及时、足额到位。二是文化资金的转移支付审批程序过于烦琐，分配效率低下。三是转移支付缺乏有效的激励和约束机制。四是转移支付形式上采用的是纵向单一、无配套资金的转移支付，难以均衡地方财力。

此外，转移支付建设的目标也不够明确。公共文化财政转移支付制度的建设目标不明确是现阶段我国农村公共文化服务转移支付制度建设中普遍存在的问题。一是在资金的投入上对市级单位做了要求，对基层部门在资金投入和管理上并没有做详细要求。二

是对缺额经费的提供上没有明确市、县政府的责任，致使基层那些急需发展的文化项目得不到财政上的支持，影响了基层公共文化服务事业的发展。三是对基层公共文化服务的专项转移支付上没有考虑农民群众的实际需求，在资金的划拨上随意性较大。基层财政部门很难对当地各个文化单位的实际情况及对文化发展的规划进行全面细致的了解，划拨的金额往往与当地的实际需求不相匹配。

四、农村公共文化服务财政资金使用效率不高

农村公共文化服务财政资金的使用效率还有待提升，目前财政资金使用上既存在资金过剩问题又存在资金不足问题。而且现有规模下的财政投入上未能得到有效配置，造成了资金的闲置和浪费。

（1）财政资金拨付制度存在不足。当前我国大多数农村公共文化财政资金是按照中央到地方逐级拨付的原则进行划拨的，这样的拨付方式给地方政府克扣和挪用资金提供了机会，地方政府不仅不采用与上级拨付的财政资金相配套的措施，甚至克扣和挪用上级拨付的财政资金，致使基层政府和文化部门，尤其是最接近农民群众的基层文化单位如乡镇综合文化站等文化机构难以及时、足额地获得财政资金，从而无法保证农民群众享受公共文化服务。另外，单一的拨付方式难以使财政资金真正对农村公共服务建设起到切实效果，上级政府基于行政区划的标准原则供给农村公共文化产品和服务，这种方式虽然简便，也可以减少政府的行政成本，但因其没有考虑各区域人口规模、结构及文化产品使用情况的不同，导致农村公共文化服务供给缺乏多样性且效率低下。如有些地区农家书屋的建设存在效率低下的问题，上级政府在拨付财政资金为农民群众购买书籍时，没有考虑地方传统文化特色和农民知识水平、接受能力等主客观因素，建设标准模式化的农家书屋，导致财政资金使用效率较低甚至出现严重浪费的状况。

（2）财政资金投入方向存在偏差。上级政府及其部门受政绩观的影响，更侧重于将农村公共文化财政资金投入实体性公共文化设施的建设，如各种文化馆舍、文化广场、文化雕塑、文化遗址、文化公园等实体性设施的建设，这类实体性设施属于显性的基础建设，也能带动地方经济的发展，因而深受地方政府官员的追捧。但这些文化类实体性设施的使用率并不高，一部分农民群众对这类文化实体性设施缺乏了解，还有一部分农民群众即使知道乡镇或村落有文化实体性设施，他们也不会主动参观和使用。据有关调查显示，农家书屋工程的闲置率较高，大多数农家书屋图书没有进行及时整理和更新，用做农家书屋的场地几乎无人问津，甚至转为他用。

（3）专项资金使用存在浪费现象。将各类文化专项资金触底，直接投入具体的农村文化工程或项目，有效避免专项资金被各级政府和部门挪为他用，但专项资金的弊端就是各部门转为争夺农村公共文化工程或项目的启动权和建设权，导致农村公共文化工程

或项目数量激增，从而带来农村公共文化工程或项目重复建设的问题。如广播电视村村通工程由国家广播电视部门主导实施，其他部委辅助参与；农家书屋工程由新闻出版总署主导实施，其他部门共同辅助参与；文化信息资源共享工程由文化部门主导实施，其他相关部门共同辅助参与等。上级政府在部署和实施各类农村公共文化工程或项目时，不同部门都规定各乡镇或村落配备与之相关的人员、设施场地及经费等，致使各乡镇与村落投入大量人员、设施场地及经费等，反倒加重了农村基层机构的工作负荷。其实质是因为上级政府部署各项农村公共文化工程时缺乏整体性和连续性，各部门一味追求增加农村公共文化工程数量，这样的财政投入非常低效，没有达到"1+1>2"的效果，这种重复建设、资金浪费的现象引发基层部门和工作人员的怨声载道。

五、农村公共文化服务财政政策与需求不匹配

农村公共文化服务的财政政策是以政府为主体的政策手段，本质上是供给主体的作用工具，其供给的有效程度是受到需求主体——农民的影响的，而供需匹配程度的研究在全球来看都是一个重点议题，如何实现供需高度匹配是一个世界性难题。随着经济发展的深入，农村公共文化服务的内容不断丰富，需求的异质性会逐步显现出来。以我国农村公共文化服务的实际情况来看，现有农村公共文化服务的设施、产品、活动已经非常丰富，不同需求群体对各自的公共文化服务的要求也各不相同，异质性问题在我国农村地区已经有所显现，农村公共文化服务财政政策所需要承担的责任也越来越重。

在传统的农村公共文化服务供给上，政府处于绝对主导地位，财政政策所涉及的公共产品及服务类型都是既定的，并不能够反映需求主体——农民的实际需要。政府部门完全决定了农村公共文化服务的类型及具体的形态，这一问题在前文中已有描述，这一现象导致了财政政策供给与需求的严重不匹配，农民处于"被动"接受农村公共文化服务。结果就是，各类财政政策不断出台，制定了各项具体公共文化服务财政政策支持项目，并且通过财政投入不断向农民提供，形成了基层的"官办文化"现象。而且部分公共文化服务更是成了地方政府的"政绩"，未能真实反映农民的精神文化需求，严重破坏了农村公共文化服务领域的供求关系。因此，农村公共文化服务财政政策的有效实施关键还在于反映农民的实际需求，应该是通过一定的调查或者财政政策选择程序确定农村公共文化服务的类型和具体形态。在供给与需求之间形成一个可靠的协商交流以及反馈机制，切实发挥财政政策的有效供给能力，满足农民日益增长的精神文化需求。

六、农村公共文化服务税收优惠政策不够完善

我国农村公共文化服务建设过程中同样存在税收优惠政策支持不足的问题，关于农村地区的税收政策应用问题一直存在，在农村公共文化服务领域表现在虽然有税收优惠，但是没有具体的税收优惠方案，税收优惠的程序烦琐，导致企业和社会组织参与农村公

共文化服务建设的积极性不足；而且未考虑多方面全覆盖的税收优惠政策，现有税收减免的方式过于单一，具体包括以下两个方面。

（一）未制定农村公共文化服务建设专项税收政策

国家目前还没有制定专门针对农村公共文化服务建设的税收优惠政策，由于广大农村地区经济发展滞后，加之现有一些税收优惠政策的设计存在覆盖面窄、享受优惠门槛高、优惠时限短等缺陷，实际当中难以充分发挥对农村公共文化服务建设的引导作用。由于税收政策顶层制度设计缺乏，没有形成系统性设计和政策引导。从国家层面来看，税收优惠多为普惠性政策，现行有关农村公共文化服务建设的税收优惠政策较少。从企业层面来看，农村公共文化服务建设领域的税收优惠政策对企业的吸引力不够，效果难以显现。从个人层面来看，相关税收优惠政策对鼓励个人从事农村公共文化服务建设的激励作用有限，对个人从事农村公共文化服务建设的吸引力度不够。

（二）现行的农村公共文化服务优惠政策力度不够

一是增值税方面。增值税在相关领域的优惠政策覆盖面狭窄，对鼓励相关企业和社会组织参与农村公共文化服务建设力度不够。我国公共文化服务体系的薄弱环节在广大的中西部农村地区，当前增值税的改革范围并没有扩展到农村公共文化服务建设领域，不利于鼓励企业参与农村公共文化服务产品生产和供给。

二是所得税方面。农村公共文化服务建设的各项税收优惠政策力度不够，农村公共文化服务建设投资抵免等间接优惠方式单一，相关优惠政策门槛较高，未能给予在农村公共文化服务领域投资的企业更多的政策红利。企业所得税是鼓励社会各界进行农村公共文化投资的关键税种，当前税制设计中在计算企业所得税时，企业的计税工资标准、投资的企业所得税前扣除制度、亏损企业符合规定的农村公共文化服务投资纳入扣除范围、农村公共文化服务的公益性捐赠的优惠力度等方面还有较大的提升空间。个人所得税也是影响农村公共文化服务建设的影响因素之一，但我国在农村公共文化服务领域的个人所得税优惠政策少之又少。

此外，对参与农村公共文化服务建设的企业在土地使用税、契税和城建税等方面相关税收优惠政策略显不足。

第三章　乡村战略下农村基本公共服务的财政收入保障机制分析

第一节　农村基本公共服务支出方面分析

近年来，我国财政收人增长比例远高于 GDP 的增长速度，但是居民难以体会到财政收入高速增长为其所带来的公共福利增长。当然，居民福利感受是一个主观概念，福利增长与否存在价值判断的难题，但从我国历年来财政支出结构中可以发现，与公共福利相关的各类财政支出无论是相对额还是绝对额都呈现增长趋势，但是与其他类财政支出相比，福利增长存在群分效应与效率损失。显然，多数纳税人并没有从财政收入高速增长中获得应有的回馈。财政是庶政之母，但同时也是政府提供公共物品的源泉，过低的纳税回馈率不仅影响着纳税人的纳税遵从心理和动机，降低纳税遵从度，更会影响到整个国民经济的正常运行及和谐社会的构建。因此，单纯从收、支其中任何一方面来观察问题都可能失之偏颇，本章的基本分析逻辑是从支、收两个角度来论述农村基本公共服务财政收入保障机制。

基本公共服务需要财政的支持，我国政府在财政预算安排上始终把保障基本公共服务放在突出位置，但是，由于多种原因，财政支出的经济建设偏好制约了有限的财政资金对基本公共服务的投入。因此，财政支出结构的调整与优化是未来我国农村基本公共服务改善的重要途径之一。

一、农村基本公共服务供给与税费遵从的实证分析

在多年来我国的研究文献中，对于税收遵从的研究多是集中于考察税收收入规模与纳税主体间的关系，而事实上，通过观察税收与公共支出间的关系更有利于改善税收遵从。在我国农村，由于天然的"两把剪刀差"的影响，农村的收、支存在严重不对称，一味地寄希望上级政府通过转移支付来增加基本公共服务的供给确实存在难度，因此，如果我们换一种思维，从通过改善公共服务供给入手，通过基本公共服务的改善提高农民对财政收入的贡献度，进一步提升公共服务质量。导致纳税主体间的纳税遵从差异的原因是复杂的，但对政府公共服务的评价是其纳税遵从的核心因素。这里所涉及的税是广义的税，公众所缴纳的各种税费，即表现为公众的直接给付但没有得到直接的对等物，因此，

本书中称为税费遵从度。

（一）研究假设

从理论上分析，无论政府提供了多好的基本公共服务，公众总会有以不纳税的代价而从公共服务中获取利益的冲动，在众多的文献中，"搭便车"似乎成了公共品供给中一道难以逾越鸿沟。在实际公共服务的供给中，当前一般采用国家、地方政府与个人等几方共同负担的成本分摊机制，而当个人或家庭所承担的成本较高时，公众一般会采取逃避的方式来寻求答案。据此，提出如下假设。

假设1：基本公共服务的供给成本与公众的税费遵从呈反向相关关系，即基本公共服务公众负担的份额越大，其税费遵从度也就越低。

公众的税收意识受到政府公共服务供给的影响。在一项调查研究中，调查结果显示，纳税人在不同的年龄阶段对纳税的感觉呈现"S"形曲线，但总体上公众对政府税收的印象是良性的。显然，纳税人的好感与政府公共服务密不可分。近年来，征税机构以申报纳税和优化服务为基础，以计算机网络为依托，集中征收，强化管理，在优化纳税服务、促进纳税遵从方面做了实质性工作，数据显示，"十三五"期间，全国纳税申报率由2015年的96%提高到2020年的99.44%，国家税务总局系统纳税申报率达到99.52%。但是，税收收入的直接上升对公众的税费遵从度是否有很大的改善呢？实际上，政府提供公共服务的数量与质量直接关系到纳税人的公平感，并直接影响其纳税遵从决策。基于上述分析，提出如下假设。

假设2：基本公共服务质量越好，公众越倾向于选择税费遵从，即基本公共服务与公众的税费遵从呈正向相关关系。

在实际经济生活中，不同的纳税人在纳税遵从方面存在较大的差异。例如，在个人所得税的征收中，工薪阶层往往纳税遵从度较高，据一项问卷调查显示，当前我国高收入者纳税不遵从现象比较严重（包括有意逃税和无意漏税）。一般来说，基层政府基本公共服务供给效率直接影响着公众对社会公平及税收公平的判断，如果基层政府工作人员态度认真，办事踏实，为百姓着想，对政策解释细致，则公众对其认同度较高，也会全力配合基层政府工作人员的工作。据此，提出如下假设。

假设3：基本公共服务的效率与税费遵从呈正相关关系。即基本公共服务的供给效率越高，公众对基层政府的工作就越认同，其税费遵从度也就越高。

（二）调查方案设计和样本选择

根据上述假设，本调查方案主要采用入户调查、发放调查问卷的方式来获取基础数据。调查问卷上半部分是被调查家庭（户主）的基本情况，主要包括性别、家庭地位、家庭年收入、家庭支出、家庭年收入主要收入来源、家庭人数、文化程度。下半部分根据对农村基本公共服务政策的认知度、基本公共服务的供给成本、农户的负担状况、对基层政府服务的认同度、对所提供的基本公共服务的满意度、对不纳税或不缴费的态度等因素设计了如下问题：①我国农村基本公共服务政策的认知情况。②获取政策的途径主要包括哪些？③不纳税或不缴费是否会对基本公共服务产生影响？④对政府税、费的用途是否清楚？⑤缴费或报账的程序是否复杂？⑥基本公共服务供给需要排队吗？（主要是村落提出的公共服务项目是否能够及时得到上级政府的回应）⑦排队的时间有多长？⑧纳税或缴费方便吗？⑨基层政府工作人员的态度如何？⑩对基层政府工作人员在执行国家政策上是否满意？⑪你所纳的税或缴纳的费用与基本公共服务方面是否价值相当？⑫你的家庭能否承担目前所规定的税、费比例？⑬你是否发现与你情况相当的农户，其负担轻于你，或享受了较好的基本公共服务？⑭第 13 种现象普遍吗？⑮对第 13 种现象会进行查处吗？其惩罚力度有多大？⑯你认为经济发展水平对基本公共服务供给的影响程度如何？每个问题下设五个基本选项，对农户税费遵从最有积极影响的为①，而最有消极影响的为⑤，①—⑤选项赋值分别为⑤、④、③、②、①。抽样问卷的初步思路为：以经济发展水平为区分线，分东、中、西部及直辖市四种类型进行抽样，对抽取的省份以省会为中心，大致抽取 2—3 个村并兼顾周边地区为主要调研地点展开问卷调研。

　　在本次抽样中纳入调查的样本包括：北京市昌平、重庆市合川；东部地区包括广东的东莞、中山，浙江的萧山、温岭；中部地区包括江西的瑞金、湖口、崇义、弋阳、泰和、遂川六县；西部地区包括云南富民县（具体见表 3-1）。调查最后收回问卷 522 份，回收率为 87%，剔除填写不全、数据缺失情况，最后有效问卷为 487 份，占总发放问卷的 81.17%。

表 3-1　样本分布及调查方式

类型	地区	调查方式与分数
直辖市	北京（昌平）	邮寄（50）
	重庆（合川）	邮寄（50）
东部	广东（东莞、中山）	东莞现场问卷（50）、中山邮寄（50）
	浙江（萧山、温岭）	现场问卷（50）
中部	江西（瑞金、湖口、崇义、弋阳、泰和、遂川）	六个县均为现场问卷（300）
西部	云南（富民）	邮寄（50）

　　3. 实证检验

　　（1）基本公共服务供给成本与公众税费遵从度。调查问卷中所涉及的 16 个基本问题都影响了公众对税费的遵从程度，它们之间具有较强的相关性，直接进行计量分析可能不客观，会导致某些重叠因素的双重或多重分析。因此，为消除这种影响，抓主要因素，在具体分析中我们采用多元统计中的主成分分析法和因子分析法。

　　首先，判断是否适用因子分析法，从检验结果来看，所涉及因子的 KMO 值为 0.864，Bartlett 球形检验值是 628.16，相对应的伴随概率为 0.000，说明可以进行因子分析。根据因子分析的总方差解释表（见表3-2），提取特征值大于1的因子，合计5个，且累计贡献率达到67.157%，对原变量的解释具有相对集中的信息。为得到更为明确的信息，我们采用方差极大旋转法对因子载荷矩阵进行旋转，从旋转后的结果（见表3-2）来看，仅有第15个因子的载荷系数小于0.500，这说明我们所选择的五大因素确实对公众的税费遵从度有较好的解释力，初步判断假设1成立。

表3-2　公众税费遵从度影响因素的因子分析

影响因子	包含的因素	旋转后的因子载荷矩阵的因素载荷系数	各问题的得分均值	旋转后方差贡献率（%）	累积贡献率（%）	旋转后的特征值
基本公共服务供给成本	（3）不纳税或不缴费是否会对基本公共服务产生影响？	0.687	3.794	17.662	33.102	2.883
	（4）对政府税费的用途是否清楚？	0.701	3.253			
	（12）你的家庭能否承担目前所规定的税费比例？	0.734	3.112			
	（16）你认为经济发展水平对基本公共服务供给的影响程度如何？	0.665	3.452			
基本公共服务政策的认知程度	（1）我国农村基本公共服务政策的认知情况。	0.731	3.157	14.914	41.370	2.317
	（2）获取政策的途径主要包括哪些？	0.715	3.916			
基本公共服务供给及成本分摊的公平感	（6）基本公共服务供给需要排队吗？	0.687	2.901	13.547	49.314	1.931
	（7）排队的时间有多长？	0.594	3.614			
	（11）你所纳的税或缴纳的费用与基本公共服务方面是否价值相当？	0.814	2.568			
	（13）你是否发现与你情况相当的农户，其负担轻于你，或享受了较好的基本公共服务？	0.769	2.841			
基本公共服务供给中的"搭便车"行为及其惩罚	（14）第13种现象普遍吗？	0.571	3.14	2.470	54.971	1.681
	（15）对第13种现象会进行查处？其惩罚力度有多大？	0.435	3.18			

续表

影响因子	包含的因素	旋转后的因子载荷矩阵的因素载荷系数	各问题的得分均值	旋转后方差贡献率（%）	累积贡献率（%）	旋转后的特征值
基层政府公共服务的认同度	（5）缴费或报账的程序是否复杂？	0.764	2.742	8.161	67.157	1.347
	（8）纳税或缴费方便吗？	0.589	3.178			
	（9）基层政府工作人员的态度如何？	0.501	3.618			
	（10）对基层政府工作人员在执行国家政策上是否满意？	0.613	3.147			

其次，采用 Logistic 回归分析法对影响税收遵从的基本公共服务供给成本的影响因子、基本公共服务政策的认知程度、基本公共服务供给及成本分摊的公平感、基本公共服务供给中的"搭便车"行为及其惩罚、基层政府公共服务的认同度五大因素进行实证分析，结果显示（见表3-3），模型整体效果较好，拟合优度高，且 p 值都小于 0.01，说明五大因素对税费遵从都有显著影响。回归系数越大说明该因子对税费遵从度的影响越大，从表3-3来看，基本公共服务供给成本越低，其赋值就越高。这说明，原假设 1 成立，基本公共服务的成本是影响税费遵从的重要因素之一。

表 3-3　基本公共服务对税费遵从影响的各因子的 Logistic 回归分祈结果

影响因子的回归数据	基本公共服务供给成本（1）	基本公共服务政策的认知程度（2）	基本公共服务供给及成本分摊的公平感（3）	基本公共服务供给中的"搭便车"行为及其惩罚（4）	基层政府公共服务的认同度（5）	常数项
回归系数	2.357	1.601	1.003	1.320	1.273	0.601
Wald 值	38.916	22.163	15.672	20.918	11.693	4.271
p 值	0.000	0.000	0.001	0.000	0.000	0.036

（2）基本公共服务供给状况与税费遵从。本调查地区分为直市、东、中、西部四类地区，以农户是否遵从为因变量、以 5 个基本公共服务供给的影响因子作为自变量进行 Logsic 回归分析，同地区的基本公共服务供给对税费遵从的影响。在 5 个税费遵从的影响因于中，前三个因素是公共服务供给质量因子，后两个是公共服务供给效率因子，如表 3-4 所示，实证结果表明，基本公共服务供给成本、基本公共服务政策的认知程度、基本公共服务供给及成本分摊的公平感对税费遵从都有不同程度的影响（其 p 值都在 0.1 以下），说明假设 2 成立，但这三个因素在四类地区有不同的影响：①直辖市内的农户在三个效率因子中更关注的是基本公共服务供给中成本分摊的公平感，而对基本公共服务成本及政策认知关注较少，说明直辖市内政策宣传较好，群众对政策的掌握较为清楚，同时由于政治上的优势，其基本公共服务供给一般不存在资金上的烦恼。②与直辖市农户相比，东部地区农户也关注基本公共服务成本分摊的公平感，但其对政策及成本的敏感度比直辖

市要高。③与其他地区相比，中、西部地区有较多的相似性，两类地区基本公共服务供给质量的高低与基本公共服务的供给成本及政策认知有较高的相关性（其 p 值在 0.01 以下），对成本分摊的公平感的敏感性小于东部及直辖市地区，说明中、西部地区农户更关注基本公共服务的供给，而这种供给又与其成本及政策认知有较高的相关性。总体来说，公众是否选择税费遵从与基本公共服务质量有较大相关性，但不同地区有不同的影响，假设 2 成立。

如表 3-4 所示，我们还发现，在后两个基本影响因子中，基本公共服务供给中的"搭便车"行为及其惩罚、基层政府公共服务的认同度是基本公共服务中的效率因子，同样的道理，在四类地区中，排序在前的是直辖市与东部地区（其 p 值都小于 0.01），说明直辖市与东部地区的基本公共服务供给中，农户所关注的问题对其税费决策影响很大且得到了政府的直接正面回应；而这两个因子在中、西部地区的回归效果差于直辖市与东部地区，但其基层政府公共服务认同度的 p 值小于 0.05，说明中、西部地区基层政府的工作还是得到了农户的认可，基本公共服务的供给效率有所改善，但是，在中、西部地区对基本公共服务供给中的"搭便车"行为及其惩罚还缺乏较有约束力与有效的手段。综合来看，公众对基层政府的工作越认同，其税费遵从度也就越高，因此假设 3 成立。

表 3-4　不同地区基本公共服务对税费遵从影响的各因子的 Logistic 回归分析结果

一	影响因子的回归数据	基本公共服务供给成本（1）	基本公服务政策认知程度（2）	基本公共服务供给及成本分摊的公平感（3）	基本公共服务供给中的"搭便车"行为及其惩罚（4）	基层政公共服务认同度（5）	常数项
直辖市	回归系数 Wald 值	1.483 6.208**	1.107 6.064*	0.832 1.983***	1.036 5.024***	0.729 0.921***	0.522 0.846*
东部	回归系数 Wald 值	3.285 13.022**	3.032 13.350**	1.722 9.032**	1.843 6.034**	1.927 4.832***	1.643 5.032**
中部	回归系数 Wald 值	3.103 10.626***	1.204 1.8322***	0.946 0.533*	2.014 9.052*	1.924 6.024**	1.821 6.032**
西部	回归系数 Wald 值	4.021 12.076***	2.042 15.93***	10.64 19.034*	1.045 9.046*	1.083 3.024**	1.732 5.531**

注　***、**、*表示回归系数在0.01、0.05、0.1水平的显著水平。

4. 结论

上述是基于抽样调查的分析结果，尽管调查样本存在样本量小且不完全具有代表性等问题，但我们仍可从统计数据及计量分析中得出重要启示：基本公共服务供给受多种因素影响，而基本公共服务的供给程度如何则决定着农户税费遵从的选择决策。实证结果表明，直辖市、东部地区由于财力较好，农户更关注基本公共服务成本分摊的公平感、对"搭便车"行为的惩罚给其带来的税费遵从选择；而在中西部地区，基层政府的工作、基本公共服务供给的成本、政策宣传等则影响着农户的税费遵从决策。因此，从这一层面来看，要改善农户的税费遵从度，则必须改善基本公共服务供给，直辖市、东部地区应从基本公共服务成本分摊的公平感、对"搭便车"行为的惩罚等方面入手，中西部则应从基本公共服务供给成本、基层政府的工作、政策宣传等方面入手，改善基本公共服务，从而提升农户的税费遵从度。

二、农村基本公共服务财政支出的绩效评价

改革开放后经济持续发展，我国各项社会事业也快速发展，农村潜在的基本供给服务需求正处于释放阶段，部分基本公共服务已经或正得到各级政府的高度重视与支持，财政支持力度连年增大，农村基本公共服务得到明显改善，根据有关调查，86.5%的农民对中央出台的涉及基本公共服务的惠农政策感到满意或十分满意（中国海南改革发展研究院）。但是，我国地区间经济水平差异较大，农村基本公共服务水平层次不齐，财政支出力度的加大是否取得了应有的政策预期效果呢？加大财政对农村基本公共服务领域的投入力度，增加财政投入总量，固然是解决问题的方法，但是，忽视财政投入的效率问题，不仅会降低公共服务质量，更可能导致地方对中央财政的依赖。尽管近些年来我国财政收入总体形势比较乐观，但是我国正处于社会转型的关键时期，如何分配财政资金，尤其是如何将有限的财政资金投入基本公共服务领域，通过效率增进与质量提升来满足广大群众逐渐释放的基本公共服务需求，就成了迫切需要解决的问题。基于此，旨在建立科学、合理的绩效评价管理体系，提高财政资金使用效益的《财政支出绩效评价管理暂行办法》于 2011 年 4 月 2 日发布实施。在财政支出效率评价方面，运用非参数的数据包络分析法（DEA）对政府绩效进行评价成为近几年国内外研究的热点。崔元峰借助 DEA 对财政农业支出资金绩效、政府绩效等进行评价。彭国甫运用模糊综合评价模型，对湖南省 11 个地级州市政府 1995—2002 年的公共事业管理绩效进行了实证研究。朱玉春、乔文等运用 DEA 方法对全国 28 个省份的农村公共服务效率进行了实证分析，测算了农村公共服务综合技术效率、纯技术效率和规模效率，并对其变异系数进行估算。孙璐等利用因子分析与数据包络分析方法对长江三角洲地区 16 个城市的公共服务效益进行对比分析，在对公共品供给效率测算的基础上，利用 Tobit 模型对影响公共产品供给效率的因素进行研究。徐崇波、梅国平以江西县、市为样本，建立了一套适合评价我国农村公共产品供给绩效的评价体系和评价指标。显然，我国目前运用 DEA 方法对财政投人进行研究的较多，主要集中于总体性或者分项的公共服务的生产效率和技术效率，对农村公共服务尤其是基本公共服务的投入效率评价问题的研究并不多。笔者试图重点利用 DEA 方法对 2018—2020 年全国农村地区基本公共服务财政投入进行实证分析，测算农村公共服务综合技术效率、纯技术效率和规模效率，并简单探讨农民意愿对于基本公共服务财政投入的意义，以及如何提升农村基本公共服务和农民满意度。

根据各地区对应的规模收益变化情况，在非 DEA 有效的省份中，我们可以发现处于规模递增的部分，如河北的义务教育服务看江西的医疗卫生服务，说明这些地区的基本公共基本服务规模进小，还拥有十分巨大的发展潜力和成长空间，应加强这些地区的套村公共服务财政投入，增加投资，优化资源配置；而对于其中一些西部欠发达地区而言，原因可能是经济发展落后，导致农村基本公共服务财政投入不足，若相应增大对于农村基本公共服务的财政投入，促使西部落后地区农村发展，预期可以达到带动其经济发展的良好结果。而面对处于规模收益递减阶段的省份，如河南省的医疗卫生服务、安徽省的义务教育服务，说明这些地区存在着不同程度的浪费资源的问题，对此更为重要的是整合农村公共服务资源，限制盲目投资，重点关注财政投入在公共服务质量上的作用，缩小公共服务规模，调节投入资源要素的数量，关键是提高农村公共服务效率。

需要注意的一个问题是，类似于湖北省、浙江省等经济实力较强的省份在义务教育等某一方面技术效率或纯技术效率水平却较低。这可能与当地的各级政府对这方面的基本公共服务的重视程度和监督有关，当然，本身技术效率水平起点低也是有可能的，但这些地区技术效率提高的潜力和空间都很大。同时，对于青海、宁夏等地，优异的技术效率表现与其本身的经济发展水平不匹配，造成这种现象的原因可能是农村基本公共服务的财政投入要远远低于经济发达地区，导致在同等的投入产出效率下，并不可能带来显著的经济增长。

同时，另一个需要注意的问题是，在社会保障方面，类似于江西、河南等众多拥有大量人口的省份的技术效率很低。这与产出指标的选取有关，对于人口大省来说，每一百个人中参加城镇养老保险或基本医疗保险的人数与拥有少数人口的省份相比是要落后很多的。

从统计分析来看，我们主要得到三点有益启示：第一，很多地区农村公共服务财政投入的技术效率和规模效率很难同时达到最优，表明中国在加快发展农村公共服务方面存在资源和资金未得到充分有效利用或者投入产出不足的问题。第二，部分省（自治区、直辖市）的农村公共服务规模过小，特别是西部欠发达地区，这些地区难以与其经济增长水平和技术水平同步变动，难以获得规模效益。第三，中、西部地区农村基本公共服务财政投入在技术效率方面与东部地区存在着明显的差异，东部地区农村基本公共服务的发展状况要远优于中、西部地区。

农村基本公共服务的改善在我国具有深刻的现实意义，在加强财政投入的同时，我们应根据不同的情况做出政策上的调整：首先，在财政投入空间布局上，在总量增加的同时要适度向中、西部倾斜；其次，从投入结构上来看，部分省市（自治区）尤其是处于规模收益递减的地区，应重点优化资源的配置效率，增加基本公共服务的有效供给，对处于规模收益递增地区，要增加其投入总量；同时，在投入时间选择上，要区分有效与无效进行激励和惩罚，有效的要增加投入，无效的要积极改进，总结投入上存在的问题，为争取下一年度投入做出积极谋划。

当然，农村基本公共服务的投入效率受多重因素的影响，这里仅从宏观上对各省（市、自治区）的财政投入效率进行了粗略测算，事实上，微观层面的研究尤其是对农户的入户调查或实验将更能刻画农村基本公共服务效率的影响因素及其影响程度。

第二节 农村基本公共服务资金筹集方面分析

改善农村地区基本公共服务供给的数量与质量，除了在财政支出结构方面做出调整外，在当前财权上收趋势较为明显的情况下，地方政府收入增长渠道较窄，改善基本公共服务供给数量与质量就成了向上级"要政策、要资金"的合理理由。然而，资金分配中的各方博弈在缺乏严格制度监督下也衍生了诸多问题。

一、基本公共服务供给中资金争夺的博弈分析

目前，越来越多的现实案例显示地方公共服务供给的优劣与其向上级争取的资金多寡有密切的关系。1994年分级分税预算管理体制改革后，中央财政收入占全国财政收入的比重大幅上升（从1993年的22%增加至2010年的53%左右），目前增值税中央和地方的分成比例为75：25，企业所得税的分成比例为60：40，中央集中的大量财权将通过财政转移支付来实现地方公共服务的供给，但是转移支付分散在各部委，资金分配过程中的不良行为时有发生，严重干扰、影响了中央政府基本公共服务政策的正常运行。

（一）信息不对称情况下无偿资金分配的博弈分析

在现存的财政转移支付制度中，一类是基本财力保障，另一类是专项补助。无疑，地方政府总会通过设定项目的形式来获取上级政府的资金支持。这里我们假定受助者主要为需要资金的村庄或者一个较大的组织，资助者主要是政府。

假定受助者在已经获取一种无偿资助的情况下，在没有对其所提供的项目信息进行核实或者在核实概率很小的情况下，总是会力争再获取其他的无偿资助资金。资金提供者则主要关注的是其声誉是否提高了（假设也可以货币化）。因此，在双方的博弈结构中，参与双方即受助者和提供资助者有两种战略选择，即核实和不核实；欺骗和不欺骗。

（二）基层财政预算约束、项目申请人的风险取向与上缴政府授助中的恶意行为

上级政府尤其是中央政府对落后贫困地区基本公共服务的资助一直是各方关注的焦点问题之一，它不仅关系到基本公共服务均等化的实现，更关系到和谐社会的构建及人们对幸福的感知能力。从客观角度来看，国家应该对最需要资助的村、组给予帮助，实现资金使用效率的最大化。

然而，在现实中，受助者的恶意行为可能使国家专项资金发生严重的目标偏离。受

助者恶意行为的危害毋庸置疑，从经济学的分析来看，只要恶意行为识别很难且预期收益大于成本，则这种行为就不可避免，管理也难以决定对这种恶意行为应予支持还是抑制。在预算约束的软、硬条件下，村、组及需要资金的单位的风险取向决定了恶意行为发生的概率。

（1）国家专项资金授予中恶意行为的识别。受助者是否发生恶意行为与时代背景有很大的关系，两者事实上形成了一种恶性循环。随着时代的变迁，越来越多的村、组等需要资金支持的单位主动申请国家资助且都基本能够申请成功，这就给我们提出了一个问题，当申请资助的成本很低且获资助的概率很高时，申请人的恶意行为就在所难免，我们很难简单判断一项申请行为属于正常申请行为还是恶意行为。

（2）基层财政预算约束对国家专项资金申请中恶意行为的影响。申报者的恶意行为除了受到来自社会大背景的影响外，基层财政预算也是决定是否会发生恶意行为的影响因素之一，当然，面对经济发展项目支出时，如果基层政府没有经济困难，也没有财政约束，则一般就不会发生国家专项资金中的恶意行为；如果基层财政没有经济困难，但面临较大的财政预算硬约束，则发生恶意行为的概率要高；当基层财政经济困难且面临较大的预算约束，通过其他途径很难筹集到相关资金时，发生恶意行为的可能性也不会太高。当然，在实际中，基层财政预算约束也仅是发生国家专项资金授予中的恶意行为的条件之一，申报者的主观意愿及管理者的态度、周围地区的示范等都可能对其行为产生重大影响，但其中最关键的因素就是基层财政预算约束是硬还是软。

当面临预算硬约束时，由于单位可用于发展的资金受限，申报者不能面对一次次投资失败而继续增资，他们的增资次数是有限的，恶意行为尽管会发生，但发生的概率与频率也将受到一定的限制。当面临软预算时，即申报者的各种投资计划会随着形势的变化而做出不同的变更且一般很难得到当地财政支持时，申报者就可能通过申请国家资金来替代地方政府的资助，由于预期当地财政经济状况不会发生困难，申报者的恶意行为会产生排挤效应并会持续下去，直到投资完成。

二、财政转移支付与农村基本公共服务供给

传统的财政分权理论认为，财政分权可以鼓励政府间的竞争促使地方政府更关注本辖区居民偏好，从而改善地方公共服务的供给效率，促进社会福利水平提高。但是，由于基本公共服务的外部性及地区间财政能力的差异，财政分权也可能会给农村基本公共服务供给带来负面影响。因此，无论是理论上还是实际操作方面都主张建立科学合理的政府转移支付制度来克服制度缺陷。我国现有的政府间转移支付制度是在1994年分税分级预算管理体制改革后建立并逐步完善的，由一般转移支付与专项转移支付两部分构成，这两种转移支付形式对我国农村基本公共服务供给产生了什么样的影响呢？据夏峰

的一项调查显示，在其接受调查的对象中，有 37.6% 的专家与 57.1% 的县乡干部认为，现行转移支付制度在促进农村基本公共服务差距缩小方面有明显效果；有 34.6% 的专家与 42.9% 的县乡干部认为，现行转移支付制度扩大了农村基本公共服务的地区差距；同时，还有 27.8% 的专家认为两者没有必然联系。郭庆旺、贾俊雪通过实证分析认为，我国的中央财政转移支付资金分配总体上没有很好地估计到各地区的公共服务需求以及财政状况。这说明转移支付制度在促进农村地区公共服务供给方面确实还未能发挥其应有的作用。

（一）农村基本公共服务供给政策及具体开支：以江西省为例

我国通过现有的财政分权体制安排，对地方尤其是欠发达地区的财政缺口通过转移支付予以弥补，但带有很多强制成分，地方政府往往只是"照单办事"，缺乏应有的灵活性，甚至直接引发资金划拨上的不良行为。江西是我国中部欠发达省份之一，近年来，经济快速增长，财政收入也快速增长，政府加大对农村基本公共服务的投入，2019—2021 年，江西省在一般公共服务、教育、文化体育、社会保障与就业、医疗卫生及环境保护方面，年均增长在 10% 以上，农民从改革中得到了实惠。

1. 总体情况

（1）义务教育。江西省近年来加大义务教育投入，增加城乡义务教育发展经费，2010 年省财政新增安排 6000 万元支持城市义务教育阶段"大班改小班"建设，新增安排 5000 万元支持农村中小学配套设施和农村中学实验室建设，安排 3000 万元向城乡义务教育阶段学生免费提供地方课程通用教材；同时，扩大家庭困难学生资助范围，将"考取公办大学家庭困难学生每人一次性补助 5000 元"的政策扩大到国家统招民办高校和独立学院；加大对学生的资助力度，对公办学校高中阶段家庭困难学生与城乡困难家庭子女入读技工院校，符合条件的每人补助学费 4000 元，支持家庭经济困难的高校学生助学贷款，并建立助学贷款风险补偿金；改善义务教育教师待遇，对边远地区教师发放特殊津贴，对财政困难县（市、区）义务教育绩效工资实行专项补助，2010 年省财政安排 9 亿元。

（2）社会保障。江西省在构建新制度的过程中，在为全体居民提供保障的同时，将工作重点放在了贫困人群中，认真贯彻落实《关于切实减轻企业负担进一步稳定就业形势的通知》，为 1836 户困难企业缓缴社会保险费 4.2 亿元，运用失业保险基金为 335 户困难企业 12.7 万名职工提供社保和岗位补贴 1.1 亿元，帮助企业减负降压，稳定现有岗位。大力开展返乡农民工社会保险接续工作，通过设置专门窗口，开辟"绿色通道"，简化参保手续，全年共为 2.35 万名返乡农民工接续社会保险关系，其中，接续养老保险关系 1.8 万人，接续医疗保险关系 5587 人。同时，按照国务院的总体部署，采取个人缴费、集体补助、政府补贴相结合的筹资方法，在全省 11 个县（区）启动实施新农保试点工作，惠及 220 万农村居民，43 万年满 60 周岁农村老年人领取基础养老金，扩大了基本社会保险的覆盖面。2019 年、2020 年，江西全省有 24 个县（市、区）先后被列为全国第一、第二批新农保试点县（市、区）。2021 年，又新增了 53 个新农保试点县（市、区），并同步在这 53 个县（市、区）开展城镇居民社会养老保险试点。至此，全省新农保覆盖农业人口 2646 万人，城镇居民养老保险覆盖城镇人口 476 万人。在各试点地区的精心组织、扎实推进下，新农保和城居保已经得到了广大群众的广泛认同，各地群众踊跃参保。到 2022 年 4 月底，全省 77 个试点县（市、区）城乡居民养老保险参保人数已达 1401.43 万人，累计个人账户收入 28.09 亿元，累计发放养老金 27.67 亿元。2012 年，省财政已安排 2012 年度 2476 万城乡居民参保补贴资金 4.63 亿元，在尚未进入试点的 23 个县（市、区）开展城乡居民养老保险工作，将涉及 1074 万人口，覆盖 60 周岁及以上人口 156 万。

（3）医疗卫生。江西省财政对医疗卫生领域的投入力度加大，人均卫生经费达到了 200 元，群众可以免费享受到政府提供的多项基本公共卫生服务，按照国家规范建立居民健康档案，居民规范化健康档案建档率达到 8%。向居民提供健康教育和健康咨询服务，健康教育覆盖率达到 80% 以上。实施扩大国家免疫规划，为适龄儿童免费接种国家免疫规划疫苗，以乡镇（街道）为单位，国家免疫规划疫苗接种率达到 90% 以上，传染病防治取得明显进展，传染病疫情报告率达 95%，及时率达 95%，准确率达 95%；非住院结核病人 100%、艾滋病人 70% 得到规范的随访和治疗管理。加强孕产妇保健管理，规范化管理率不低于 75%。对 0—36 个月婴幼儿进行保健管理，规范化管理率不低于 70%。城乡居民可以享受到更加快捷、优质的医疗卫生服务。但是，全省医疗卫生情况相差较大，卫生资源分布也不均衡，主要体现在医疗机构、床位数、人均卫生经费等方面。在每万人医疗机构数方面，全省平均达到了 2 个；在每千人床位数方面，全省平均达到了 4 张。

2. 江西九江市 A 县义务教育发展中的财政支持政策

按照我国《义务教育法》的规定，义务教育是一种强制性教育，政府应该为每一名适龄儿童提供免费的义务教育。义务教育属于纯公共产品，应该纳入公共财政支出范畴。保障义务教育的持续、健康、均衡发展，不仅是教育部门的重要职责，也是财政部门的重要责任。

（1）A 县义务教育基本现状。

1）A 县概况。近年来，A 县县委、县政府坚持把发展教育事业作为推动经济发展和社会进步的基础工程，大力实施科教兴县战略，致力推动农村义务教育均衡发展，超前谋划，因地制宜，科学布局，建管并重，积极引导义务教育走内涵式发展道路，不断促进县域内义务教育的均衡发展。A 县国土面积 669 平方公里，人口 30 万，下辖 5 镇 7 乡 2 场 122 个行政村。2010 年，全县国内生产总值 64.31 亿元，比 2009 年增长 16.7%；财政总收入 10.05 亿元，比 2009 年增长 67.1%。财政收入年均增幅达 51.59%。

2)A 县义务教育总体情况。

第一,总体概况。目前,A 县共有各类义务教育阶段学校 148 所(个),其中,小学 94 所,小学教学点 36 个,初级中学 13 所,完全中学 2 所,九年一贯制学校 2 所,特教学校 1 所。义务教育在校学生 37657 人,其中,初中在校学生 11903 人,小学在校学生 25754 人。适龄儿童入学率 100%,小学辍学率 0.1%;适龄初中少年入学率 100%,初中 3 年保留率 96.5%。

现有教职工 2652 人,其中义务教育阶段在编教师 2068 人。学校校园面积 2280 亩,校舍面积 33.56 万平方米。

第二,县二中、县二小、X 小学、Y 中学基本情况。在校学生数量:县二中 4800 人,二小 2100 人,X 小学 1500 人,Y 中学 630 人。

生源情况:县二中农村学生占 60%,县二小农村学生占 80%;X 小学、Y 中学两农村学校绝大多数为本乡镇学生。

转学生比例:县城学校为 20%—30%,农村学校约 5%。

毕业生走向:县二中初中毕业生基本升入本校高中,高中 70% 以上毕业生升入大专及以上院校;X 小学毕业学生基本升入 Y 中学;Y 中学毕业生升入县城高中约为 65%。全县平均升学率 50%。

办学投入:中央及省级投入 92%,县级配套 8%。

办学条件:学校校园面积、校舍面积、生均校舍面积等达到省定标准。音美体器材、图书、实验室器材、微机设备都按省定要求配备装备,能满足教育教学需要。

师资情况:城区小学教师本科以上学历 60%,城区中学 80%;农村小学 40%,农村中学 55%。农村小学教师的年龄较大,45 岁以上占 67%。县城学校教师在工资待遇上与农村学校同等,课时费或补课费略高于农村教师,3000—5000 元/年。农村边远山区教师每月有津贴 50—70 元。

(2)A 县义务教育与财政支持具体做法。

1)调整布局,优化资源配置。为努力缩小城乡之间校际之间的教育发展差异,科学合理配置教育资源,A 县对全县学校布局进行了全方位、多层次的调整。调整工作采取"撤、并、降、扩、迁"的五字方针,并进行稳步有序实施。撤:就是撤销办学条件差办学效益低的学校和教学点。并:将规模小、布局不合理的学校合并,将小学高年级并入乡(镇)中心小学或实行村级联办。降:各地处边远山区、成班率低的小学降为教学点。扩:扩大中学、中心小学的办学规模。迁:将周边环境差、制约学校发展的学校迁入方便学生入学、周边环境好的新址,重新建设。至 2008 年,全县义教阶段 181 所学校整合为 148 所,将村级小学的高年级(4—6 年级)全部并入乡(镇)中心小学,从而整合了教育教学资源,提高了办学整体效益,为义务教育均衡发展构建了新的平台。从 181 所学校整合为 148 所，单看数字改变不是很大，但这过程却是艰难的，既要考虑群众是否接受，还要取得各地政府的支持和同意，提高教育的效率。现在每个乡镇有一所初中和 1—6 年级的完全小学（管村里），高中全搬到县里（以实现教育均等），村 5—6 年级到县中心小学读书，有的村小学则只办 1—2 年级。这种资源配置有效推动了 A 县教育事业的发展：一是教师队伍得到了优化，教师队伍结构得到了改善，素质得到了提高，培训教研得到了加强。二是教育资源得到了合理配置。村级学校撤并，学生全部集中到乡镇中心学校就读，撤并学校的电子计算机、乐器、体育器材等教学设备集中到乡镇中心学校，解决了以往教育资源严重浪费的问题，学校的条件也得到改善。三是教育公平得到了彰显。集中办学后，区域内义务教育阶段的学校办学水平有了很大提高，义务教育的公共性、普及性和基础性功能得到更好的发挥。

2）加大投入，改善办学条件。在加快发展县域经济的进程中，A 县始终突出教育优先发展位置，通过逐年加大教育投入，中小学办学条件有了根本性的变化。

第一，注重软硬件建设，夯实基础。2006 年至今，县财政教育总投入由当年的 8000 余万元增至 2010 年的 1800 余万元（其中用于校舍建设 1000 万元），其间，逐年实施：解决学生课桌椅；改水改厕、学生宿舍、学校食堂"三项整改"；"和谐校园"创建等工程，共拆除危房 8000 余平方米，新建校舍 60000 余平方米，充分改善了办学条件。广大农村中小学生（特别是"留守学生"）学习、生活条件得到进一步改善。同时，投入 1200 余万元用于农村薄弱学校音体美器材、图书、实验仪器、电教设施的添置，共添置体音美器材 8000 余件、图书 5 万余册，装配实验室和多媒体教室 20 间。现在农村每所学校都配有电脑，就连村级教育点也能够进行远程教育，使偏远地区的学生也能听到优秀教师的讲课。全县中心小学以上都装备了标准化实验室和计算机教室，所有学校都装备了多媒体设备，其中还为县二小每个班级装备了电子白板、投影电脑及数字展台等现代教学设备，实现了"班班通"。全县学校正由"安全校园""美丽校园"向"文化校园""数字校园"迈进。

第二，建设教育园区，促资源共享。作为全省推进城镇新区教育园区建设首批试点县，该县在新区规划土地 615 亩，已投入资金 1.6 亿元，完成校舍建筑面积 9.47 万平方米。已建成并投入使用的有 A 中学、第二小学、第二幼儿园和青少年校外活动中心等。2011 年又启动了一所九年一贯制学校工程，计划投资 5000 万元，办学规模达 3000 人，预计 2012 年竣工。教育园区的建设，有效地解决了县城原学校"大班额"问题（原来小学最大班有 90 多人，现在平均接近 60 人/班），开辟了进城务工的农民工子女就近入学的绿色通道，实现了辖区儿童少年（尤其是农民工子女）由"有学上"到"上好学"的转变，创新了基础教育资源共享机制，促进了义务教育的均衡和公平。

第三，落实民生工程，减轻学生家庭负担。从 2008 年起，义务教育阶段免除了教科书书本费、杂费、择校费等，学校代收费项目只有省规定的作业本费（小学1—2年级每生6元、小学3—6年级每生8元、初中每生9元），实现了真正意义上的九年义务教育。

2011年，为解决义务教育阶段学校学生寄宿难问题，该县投入资金18.15万元，进一步提高了标准，2011年小学生由250元/学期提高到375元/学期，中学生由375元/学期提高到500元4期，有效减轻了家长的经济负担，彻底杜绝了学生因家庭贫困而辍学的现象。

3）加大财政对教育投入，切实保证教育经费"三个增长"。多年来，县委、县政府切实履行发展教育事业的责任，按照"明确各级责任、中央地方共担、加大财政投入、提高保障水平、分步组织实施"的原则，坚持将教育作为优先支持领域，牢固树立依法保障教育投入的理念，保证教育经费支出达到法定增长水平。

第一，教育财政拨款的增长高于财政经常性收入增长。2010年财政经常性收入分别为2.65亿元、3.18亿元、3.47亿元，分别较上年增长24%、20%、9%；教育财政支出为1.0753亿元、1.37亿元、1.52亿元，分别较上年增长25.7%、27.4%、11%，分别高出1.7、7.4、2个百分点。三年来，教育支出分别占经常性收入的40.5%、43.5%、43.8%，占乡镇支出的60%以上（总支出）。

第二，在校学生人数平均教育经费逐步增长。近三年，该县义务教育阶段公用经费每年上升一个台阶。2009年公用经费标准为小学300元/(生·年)、初中500元/(生·年)，义务教育公用经费全年为1228.9万元；2010年公用经费标准为小学400元/(生·年)、初中600元/(生·年)，义务教育公用经费全年为1580余万元；2011年公用经费标准为小学500元/(生·年)、初中700元/(生·年)，全年公用经费为1974万元。从而有力地改善了义务教育阶段学校办学条件，提高了教育水平。

第三，教师工资水平不断提高。2008—2010年教师工资性财政支出分别达到8246万元、9912万元、11281万元，平均月收入达到2160元、2350元、2510元（含绩效工资），教师工资性收入逐年增长。

从总体上看，A县财政教育资金的投入与教育事业发展的需求显不足，短期内还不能实现财政性教育经费占GDP 4%的目标，一定层面上也阻得了义务教育学校发展的步伐。从该县实际情况可以看出，虽然财政总收入增长快，但刚性支出大，地方财政用于教育的投入仍然不足，对上级政府的转移支付制度仍存在较大的依赖性。

3. 江西省上饶市B镇的农村基本公共服务供给

B镇位于江西省上饶市城郊，辖区总面积69平方公里，辖横路、管庄、双岭、盛源、细叶、李源、板桥、新溪8个行政村，154个村小组，4315户，人口17160人。耕地面积21955亩，人均1.25亩。计税面积19311亩，年粮食产量1.121万吨。它是中部地区村镇的典型代表。

（1）B镇财政收支情况。B镇的财政收入由本级财政收入和补助收入组成，而本级财政收入主要是工商税收。我们知道，财政收入的增长归根结底取决于经济的增长，2007—2010年B镇实现了经济的快速平稳增长，财政收入平均年增长率为57.1%，2010年国家加大对B镇的补助收入就是对其经济发展的肯定。

（2）B镇基本公共服务供给情况。B镇义务教育由县统管，镇主要负责的基本公共服务就是医保政策，按照江西省的相关政策，B镇在城镇居民基本医疗保险制度中，乡级财政补助给城市户口居民每人120元，农村户口居民每人40元；在城乡医疗救助制度中，主要是大病救助，对于享受低保居民，按其自费部分的40%予以报销。五保户自费部分报销比例是50%，普通居民自费部分报销比例是15%。门诊报销不设起付线，每人每年100元封顶，报销比例在村级为30%，乡级、县级及以上为40%；大病门诊中精神病等14种大病，0元起付，3000元封顶。

（二）我国农村基本公共服务供给中政府资金来源

（1）中央财政是农村基本公共服务的重要资金来源。从支出方面看，虽然我国在科教文卫等事业方面的支出有中央财政承担的部分也有地方财政承担的部分，但支农支出以及基本公共服务建设的支出主要还在地方政府。

从收入方面看，进行分税制改革后，大部分财政收入都划入中央财政，这也是分税制改革的第一年，我国中央财政收入为2906.50亿元，地方财政总收入为2311.6亿元。中央财政与地方财政占财政总收入比重分比为55.7%和4.3%，所以我国中西部地区大部分县的1/2以上财政支出是靠中央财政转移支提供资金来源。可以说，中央财政在缩小地区间的发展差距、推动地区间基本公共服务均等化方面确实发挥了重要作用。近年来，中央财政对于农村的公用基础设施建设、社会保障体系、农村医疗服务体系、农村义务教育等在财政上都给予了极大的支持。中央财政每年还安排专项资金支持农村居民最低生活保障制度建设。以新农合为例，2003年，中央财政对中西部地区除市区以外的参加新型台作医疗的农民每年按人均10元安排合作医疗补助资金，并要求地方各级财政对参加新型合作医疗的农民补助每年不低于人均10元，农民为参加合作医疗也要履行缴费义务，但缴费多少依照个人情况而定。这也就意味着，中央财政对全国每个农村人口在医疗方面的财政支出一年为120元。

（2）地方财政对农村基本公共服务的供给。地方政府包括省、市、县、乡四级政府，地方政府作为公共产品和公共服务的供给主体，主要责任是供给地区性公共产品，但事实上地方政府并没有承担起农村公共产品供给的责任。我国多年来在义务教育、公共医疗、社会保障、道路交通等方面，实质上一直实行的是城乡分别的二元公共产品供给体制。农村地区实行"自给自足"的政策，城市公共产品主要由中央和各级地方政府提供。地方政府作为准公共产品的供给主体，没有相应地承担起农村公共产品供给的责任，而是按照"公共产品的受益原则"将公共产品供给的责任一级一级下推分解。大部分准公共产品，要么不能有效提供，要么最后由农民自己承担。例如，从教育经费的承担情况来看，城市义务教育一直由国家财政负担，而农村到 2006 年实现西部地区农村义务教育阶段中小学生免除学杂费，2007 年扩大到全国农村。这部分经费也是由中央财政支出。在农村义务教育财政体制方面，虽然 2001 年将改革农村义务教有管理体制调整为"在国务院领导下，由地方政府负责、分级管理、以县为主的管理体制"，将政府投资的统筹主体从原来的乡提升到县，同时加大中央和省级财政对农村义务教育的扶持力度，强调了县级政府对农村义务教育负有主要责任，并且具体地规定和划分中央与地方各级政府的投资责任，但农村义务教育的主要投资者还是中央，地方政府对于农村义务教育的支出低，地方政府在财政收入大幅增长的前提下，教育、医疗等经费主要用于城市，剩下的小部分则用在占人口大多数的农村。而政府与社会支出的那部分卫生费用集中提供给事业单位、垄断型国有企业员工和大中城市的部分居民，公共产品供给严重失衡且水平低。

我国转移支付制度从中央层面看，确实发挥了巨大作用，可以说，近年来我国农村基本公共服务供给状况的改观主要得益于中央政府转移支付力度的加大。但我国农村基本公共服务供给确实又存在较大的改进空间，其问题是源于地方政府的职责缺失吗？显然，板子打在地方政府这边确实有失公平，地方政府也希望自己管辖的一方百姓能够过上好日子，从表面上看，转移支付制度需要进一步加入更微观、细致的考察指标，增加一般转移支付的力度，另外，可能投入决策与预算管理的政府间财政关系也需要进一步明确改革的方向和目标。

第四章 乡村战略下农村基本公共服务的财政投入决策保障机制分析

第一节 农村公共服务需求偏好、结构与表达机制

一、国内关于农村公共服务需求显示理论的研究综述

目前国内已有部分学者开始对农村公共服务需求显示的问题进行研究，他们从不同角度进行了探索。国内学者的有关研究综述可以分为两部分，一是重点研究当前我国农村公共服务需求表达存在的问题；二是重点提出完善我国农村公共服务需求表达的政策建议。

首先，我国农村公共服务需求表达存在的问题。

第一，中国农村公共品的民主决策机制尚不健全。汪志芳指出，目前在中国农村，民主决策机制依然很不健全，基层政府官员主要依靠行政任命，而不是根据公众投票选举产生，所以，基层政府官员所实施的政策理所当然地不特别关注公众意愿。

第二，村民缺乏表达公共品需求信息的主观意识。中国农民利益表达乏力乃至其他权益缺失的重要根源在于村民缺乏表达公共产品需求信息的主观意识。中国农民大多数文化水平较低，处于社会低层，除了人数众多外，其他方面均处于劣势，至今还在为温饱问题忙碌，缺乏掌握政治资源的经济基础，力量非常分散，没有组织优势，长期处于"原子化"的离散分散状态，形成了对于急需的公共品不争取，对于不需要的公共品默认接受，对于侵害其利益的公共品忍耐置之的消极适应思维模式。

第三，村民缺乏表达公共品需求信息的代言组织。汪志芳指出，在中国的农村中，农民缺少话语权，缺少自己的利益代言人，他们的公共服务需求和利益的表达渠道非常不通畅，即使有些地方农村已经有了维护农民自身利益的代言人，仍会因为组织化程度低、分散导致无法达成合作的行动。

其次，关于完善我国农村公共服务需求表达的政策建议。

第一，政府加强调研工作力度，识别农民真实需求。樊丽明、石绍宾认为，为维护多数农民的利益，促进基本公共服务均等化，只有真实的农村公共品需求才能成为政府下一步进行供给决策的依据。然而，单个农民对农村公共品的需求偏好表达往往掺杂一

些非公共利益因素，因此，政府的主要职责就是要对已经收集起来的农村公共品需求偏好信息进行甄别，识别能够代表多数农民利益的真实需求，剔除夸大的或不真实的需求。

第二，提升农民文化素质，树立现代公民意识。郭泽保具体指出，要不断提高农民的文化素质，培育农民的现代公民意识、民主法制意识和主人翁意识，引导他们积极参与有关决策活动和对公共事务的监督、管理活动，并通过实践锻炼，增强其参政议政的能力。

第三，发挥农村"精英"作用，推行动议提案制度。刘银国表示，对于涉及农民出资、出工的农村准公共品，可以采用由农村"精英"通过广泛调查、征求意见等方式，对广大农民迫切需求的公共品提出可行性供给议案，从而达到农村公共服务需求信息搜集并影响政府公共服务供给政策的目的。

第四，厘清基础组织关系，完善农村村民自治。胡洪曙认为，为完善村民自治，建立能够体现村民意志的村两委，中国农村村民自治需要厘清两个关系：一是村民自治组织与村党组织之间的关系，二是乡镇管理与村民自治之间的关系。

第五，构建中介机构，有效回应农民公共服务需求表达。李汉文、王征认为，应该建立真正能够有效回应农民公共服务需求表达的中介机构，该机构实行从中央至下的垂直管理，独立于当地政府，如农会、农民行业组织等。

二、构建农村社区公共服务需求表达机制的理论分析

（一）基本概念的界定

首先要明确相关概念，即社区与农村社区、公共服务需求表达与农村社区公共服务需求表达。其次就是从理论研究视角出发，探讨农村社区公共服务需求表达机制构建的合理性。

西欧社会学家的研究最早开始涉及社区理论，其中，1887年，德国学者滕尼斯在其《共同体与社会——纯粹社会学的基本概念》一书中首先提出了"社区"概念。滕尼斯认为，社区是一种礼俗社会，是长期稳定地生活在一定地域内的人们基于血缘与亲缘关系而自然发生的地域生活共同体，因而社区成员不仅对本社区有强烈的认同意识，而且相互之间了解比较全面。在滕尼斯之后，又有很多学者根据不同研究目的和研究方法对"社区"概念提出了不同的界定。综合国内外许多学者的观点，社区所包含的核心要素大致可以总结为："一定的地域""特定的人群""共同的利益""社会交往"以及"认同意识"。本文将社区定义为一种社会生活共同体，由共同生活在一定地域内的一定数量的有共同需求和利益的人们组成，社区内成员因相互之间社会交往频繁而对彼此产生了情感联系、对社区产生了心理认同的。

国内外很多学者从不同的角度对农村社区进行了研究。综合一些文献观点，笔者总

结了几种常见的研究视角:

第一,罗吉斯、伯德格、陈东凌认为,农村社区是由建立在一定地域的基础上、彼此联系、以共同利益或纽带的一群人所组成的富有人情味的社会生活共同体,他们侧重于强调农村社区内部所包含的共同利益、共同地域、简单同质群体等核心要素。

第二,约翰斯顿、许远旺等侧重于从农村社区范围划分的角度给农村社区下定义,强调乡村社区由生活在"同一乡村地区"并具有社会互动的人口集合体组成。其中,许远旺较为全面地从农村社区范围划分的角度总结了农村社区的建设模式,例如,集镇型、建制村型、自然村型、中心村型(一村一社区、一村多社区、多村以社区)等。

第三,黎熙元、陈东凌等侧重于从中国本土农村特色角度出发界定农村社区的概念,他们认为中国的农村社区对于农民来说意义重大,尤其是在经济、政治、文化、社会保障等功能方面,但仍然存在规模小、结构简单、生产力落后,人口密度低、同质性强、自给自足经济、社会流动缓慢、乡土文化浓厚等中国农村特色问题。

总之,农村社区与前文所界定的社区内涵相似,只是主体为彼此是"熟人"的农村居民,即农村社区是指由居住在一定区域的农村居民组成的社会共同体,社区内成员因为共同的生活、相互之间交往频繁而对彼此产生了相互信赖,因此能够共同解决区域问题,并对共同生活的社区产生强烈的认同感和归属感。

(二)公共服务需求表达与农村社区公共服务需求表达

第一,公共服务需求表达。根据《新华字典》的解释,将思维所得的成果用语言反映出来的行为即是表达。需求表达是指人们通过直接或间接的方式将自己的某种需求偏好表达出来。公共服务需求表达是指人们通过一定的方式或渠道把公共服务需求的信息,如公共物品的数量、结构以及生产方式、供给程序等公开表现出来,为公共服务提供者所知晓,并试图以一定的方式和手段努力达到其需求满足目的的一种行为。

第二,农村社区公共服务需求表达。本文以农村社区公共服务需求表达为研究重点,探讨构建农村社区公共服务需求表达的有效机制。

首先,农村社区公共服务需求表达的主体是广大的农村社区居民;相对于表达主体而言,表达的客体是指可以满足农村社区居民公共服务需求的公共服务提供者,如个人、执政党、各级政府或其他各种正式或非正式组织(第三部门)等;表达的内容是指农村社区居民亟待满足的公共服务需求信息,如农村社区公共物品的数量、结构以及生产方式、供给程序等。

其次,农村社区公共服务需求表达渠道或方式包括制度化需求表达和非制度化需求表达。所谓制度化需求表达方式,即农村社区居民依靠现行农村社区所处的制度环境,运用制度资源进行的需求表达方式;所谓非制度化需求表达方式,是指由于通过数次制度化需求表达方式进行需求表达时屡次受阻或者表达无效,农村社区居民只能采取的无制度保障的表达方式进行需求表达,例如,依靠农村社区内部资源(如农村社区社会资本)和自身能力或者通过农民自组织形式表达需求。

三、农村社区公共服务需求表达不充分的现状及原因分析

(一)农村社区公共服务表达机制的现状

当前在我国农村,"村民自治"制度、"一事一议"制度是农民公共服务需求表达实现最重要的两条正式制度渠道,开创了农民参与公共事务的先例。但这两种制度仍然不是农民公共服务需求表达的通畅有效渠道,主要表现在:没有实现广大农民广泛参与;农民参与公共服务需求表达的过程单一(一般为筹资);农民参与需求表达之后的意见并没有实现影响政府公共服务供给政策的目的,即农民公共服务需求表达的有效度低;参与体制不健全;行政干预色彩浓重等方面。此外,在我国农村一直存在非正式制度的公共服务需求表达渠道,常常表现为农民精英和农民自治组织代表农民向基层政府表达公共服务需求信息,并且已经在农村公共服务需求表达方面充当了重要角色。由于在研究两条正式制度渠道的过程中,农民精英和农民自治组织的作用同样能够表现出来,因此,本书只针对正式制度渠道作分析,并在分析过程中指出非正式制度渠道的作用。

"村民自治"制度是在公社解体后公共服务供给困难的背景下,为缓解公共服务缺乏的困境而提出来的。《中华人民共和国村民委员会组织法》中,规定"村民委员会办理本村的公共事务和公益事业,调解民间纠纷,协助维护社会治安,向人民政府反映村民的意见、要求和提出建议",明确了村民自治在解决公共服务方面的作用。从1998年通过正式的《中华人民共和国村民委员会组织法》后全面推行算起已有十余年,村民自治对满足村民公共服务需求方面起到了很大的作用。徐勇等通过在四川、湖南等地调研发现,村民自治制度有益于农村公共服务需求信息的表达和公共服务的供给。韦凤琴等在安徽调研时发现安徽某村集资修路过程中,因当地农民充分参与其中而产生民间权威和对农村共同体认同的约束力量等内生的行动力,提高了公共产品提供效率,降低了交易成本,克服了"搭便车"现象。

"村民自治"制度促进了农村民主发展,是农民表达需求的重要渠道之一,但也存在很多问题。

第一,在实行"村民自治"制度过程中,基层地方政府及党组织对村级事务干预严重,行政色彩浓厚。严格地讲,村委会是村民选出来的,只对村民负责,是一个独立的法人团体,有独立处理事务的能力。《中华人民共和国村民委员会组织法》明确规定,"实行民主选举、民主决策、民主管理、民主监督""乡、民族乡、镇的人民政府对村民委员会的工作给予指导、支持和帮助,但是不得干预依法属于村民自治范围内的事项"。但同时《中华人民共和国村民委员会组织法》也规定"村民委员会协助乡、民族乡、镇的人民政

府开展工作"。这样，村委会就不得不既要抓"村民自治"制度下的村务工作，又要落实基层政府的"政务"工作，有时难免面临管理两难困境。公共选择理论告诉我们，作为理性经济体存在时，村委会为实现自身利益最大化，自然会选择村务可以推、政务不能违。同时，由于村委会与基层政府之间权限界定不明确，基层政府经常越位，干预村务。此外，由于基层政府掌握更多的资源，村委会想要获取资源只能依赖基层政府，最终村委会对基层政府负责多于对村民负责，成了乡政府的一个下属机构，这也是当前我国社会中普遍存在的"村委会治理模式"，在政府与农民之间又加了一层委托代理关系，农民公共服务需求表达又多了一层"虑音器"。

第二，"村民自治"制度实行过程中村民参与不足。洪朝辉认为弱势群体最大的贫困是权力的贫困，在决策时根本听不到他们的声音。受我国几千年的官本位思维的影响，村民没有养成维护自身社会权利的"习惯"，形成了政治冷漠，给了政府滥用权力的空间，使公共服务提供政策对农民弱势群体不利，公共服务的供给与公共服务需求之间出现了结构或数量的扭曲。当前村民自治制度实行过程中，民主选举是农民表达需求和利益最直接和最重要的方式。但一旦选举完成，又回归到原有的"村委会治理模式"，村民的表达对公共服务政策基本没有发挥作用，参与程度极其有限。因此，村民自治最多能算作"选举时自治"，而不是公共服务管理与决策的自治。

（二）农村社区公共服务需求表达不充分的主观原因

1.农村社区居民公共服务需求表达的意识薄弱

农村社区居民公共服务需求表达显示"失声"的根本原因是农民社区居民公共服务需求表达的意识薄弱。农民需求表达意识薄弱是由农民缺乏主体意识和独立人格导致的。农民是社会主义新农村的建设主体、受益主体和价值主体。然而，无论从历史还是现实的角度看，农民主体性的"群体性"缺失，都是一个不争的事实。不要说对国事天下事，甚至是对自己的事，比如，表达公共服务真实需求，农民在某种程度上也已经丧失了"当家作主"的权利意识。造成农民缺乏主体意识和独立人格的原因有以下三点。

第一，受历史因素的影响。封建主义的文化经过长期积淀，形成的道德观念、伦理结构、思维模式和文化心理结构，在今天的中国农村仍不可避免地影响着农民的思想、行为和价值指向。这突出地表现在中国传统政治文化中的"官本位"、权威学科和"与世无争"等的政治心理，至今还或多或少地影响着农民的观念和行为。

第二，受教育水平的桎梏。农民公共服务需求表达的能力与农民受教育水平的高低成正关。阿尔蒙德和维巴通过调查做出这样的结论，"在通常所调查的性别、居住地、职业、收入、年龄等变量中，看来都不如教育变量更能决定政治态度。"通过表达公共服务需求影响政府公共产品供给政策的制定，也可以看作农民参与政府政治生活的一方面。显然，教育是决定需求能力大小的关键因素，也是最重要的因素。第六次人口普查结果显示农民整体受教育水平依然偏低，因此受自身文化素质和信息不对称的限制，对于所将接受的公共物品是否是自己所真正需要的、自身是否有成本支付能力、其物品价格是否公正、质量是否上乘等所有信息都缺乏全面了解，从而失去对公共物品接受的选择权。

第三，农村经济发展水平相对滞后，客观上限制了农民公共服务需求表达的物质条件。亨廷顿曾说过，"高水平的政治参与总是与更高水平的发展相伴随，而且社会和经济更发达的社会，也趋向于赋予政治参与更高的价值"。一般而言，农村经济发展与农民公共服务需求表达呈正相关关系：一是经济发展使农民的生活丰富起来，为农民表达公共服务需求提供物质基础；二是经济发展带来社会利益关系的变化，农民的公共服务需求也不再局限于生产性的公共设施的需求而变得多种多样，推动农民通过各种渠道表达、维护和实现自身的利益。

2.农村社区内部农民精英代表的缺失

利用农民精英代表来表达农民对于公共物品的需求是一种有效地表达形式。在农村社区内部，我们将一些家庭经济条件比较好、在农村公共生活中占有主导地位、具有较大的权威和较多的话语权的农户称为经济精英；将经过村民推选或其他方式成为村干部和领导的农户称为体制内精英。显然，经济精英和体制内精英在当地占有相当数量的资源，并且在经济社会发展中拥有决定性发言权，所以他们能够在一定程度上代表当地的农民表达自己的需求。然而在我国很多农村地区，随着经济社会发展以及思想观念的变迁，农民精英代表渐渐流失。

第一，经济精英逐渐流失。出于寻找更舒适的生活方式和更好的发展机会的考虑，一些经济条件比较好的农户逐渐向城市迁移。第二，体制内精英代表力减弱。首先，农村税费等各项制度改革以前，村干部对于农村的控制力比较强，突出表现在涉及农村基本生产生活秩序的公共事务需要村干部负责，如农村税费收缴、计划生育和宅基地审批等，此时村干部在村民心目中有一定的威信和地位。农村税费改革后，村干部的权力控制能力减弱，在村庄里的影响力也降低，一定程度上影响了村干部作为体制内精英的代表能力。其次，一些村干部等体制内精英依靠手中的权力聚敛大量财富，造成农民对村干部的信任危机，严重影响了村干部作为体制内精英的代表权威性和公正性。

3.农村社区内部农民利益组织缺失

实践证明，需求表达的有效性和人们组织化程度成密切的正相关关系，如果参与需求表达的集团组织化程度越高，需求表达的有效性就越强。比如，在城市，大量存在着一些服务于特定的人群的非政府组织（NGO），这些组织在一定程度上发挥表达城市居民需求的作用，影响了政府的公共服务供给决策，提高了城市居民福利。而在农村，由于农民居住比较分散，各家各户分散经营而导致的小农经济和小农意识客观上阻碍了农民之间进行充分的信息交流，农民多数以离散的原子形式存在，代表农民利益、表达农民需求的农民自组织比较少，难以聚集资源和统一行动，更难以形成足以影响政府决策的公共服务需求表达"声音"。

（三）农村社区公共服务需求表达不充分的客观原因

1. 农村社区外部缺乏畅通的公共服务需求表达渠道

根据众多学者的研究结论可以得出，理论上农民与政府之间直接制度化的需求表达渠道主要有两种：一种是制定与实行需求表达保障制度，比如，选举制度、听证会制度、信访制度、民意调查制度、"一事一议制度"等；另一种是构建基层政府服务部门和官民对话机制，比如，基层政府与部门的咨询机构、定期召开的会议、政府热线、与人大代表接触等。此外，农民还可以通过间接非制度化渠道进行公共服务需求表达，比如，通过村民自治平台（村委会、农村社区）和农民组织进行需求表达。但是，当前农村公共生活中，无论是制度化的需求表达渠道还是非制度化的需求表达渠道，都没有实现农民畅通表达公共服务需求的目标。究其原因，主要表现在：第一，正式制度化渠道都是官方的，是以"自上而下"的组织形式搜集农民公共服务需求为特点，具有不定期性，行政色彩浓厚，农民参与的广度和深度严重不足。第二，非制度化渠道由于没有相关的法律、政策以及制度的保护，农民的需求表达难以传达到政府的相关部门；或者政府相关部门出于自身效用最大化，优先选择满足制度化渠道传表达的公共服务需求而使得费制度化需求表达"声音"被淹没。第三，需求表达渠道少和需求表达多样化的矛盾越来越突出。主要是因为农民的公共服务需求表达随着农村社会阶层分化的加剧和不同利益群体的形成，越来越呈现出多样化和复杂化的发展趋势，但同时我国农村现有的需求表达渠道仍然远远不能满足农民日益多样化的公共服务表达需求。

2. 双重代理身份的村委会自治组织的选择偏好

目前，我国农村实行村民自治体制，虽然村民委员会是实行村民自治的组织，但是村民委员会同时是村民自治活动和乡镇政府行政权力至村级社区的双重代理人。根据理性经济人假设，村民委员会作为独立的组织肯定会追求组织自身的利益最大化。在面对双重委托人（乡镇政府与农民）效用函数不完全重叠的情况下，具有双重代理人地位的村民委员会根据对委托人的重视程度以及预期从委托人那里获得的收益，采取相应的行动，毋庸置疑，村民委员会将受到来自乡镇政府的行政压力和来自乡镇政府的各种利益诱惑而不得不更加重视乡镇政府的效用。

四、构建充分的农村社区公共服务需求表达机制的政策建议

农村社区公共服务需求表达机制是能够使农民离散化的公共服务需求表达信息得到有效整合的制度，有利于改善政府公共服务供给结构，优化农村公共服务资源配置。而要真正达到构建和完善农村社区公共服务需求表达机制的目标，需要政府给予相应的政

策支持，为其创造条件。

（一）动员农村社区居民积极表达公共服务需求

农村社区居民的参与是农村社区公共服务需求表达机制的重要内容，采取相应措施，积极动员农村社区居民参与公共服务是有效实现公共服务需求表达的重要途径。

1.培育农村社区居民公共服务需求表达的意识和能力

与发达国家相比，我国公民参与意识和参与能力偏低，尤其是对于相对落后的农村而言。因此，社区居民参与公共服务的意识和能力有待加强。国家和政府应积极培养农村社区居民参与意识和能力，提高农村社区居民公共服务需求表达能力。

2.提高农村社区居民公共服务需求表达的有效度

农村社区居民参与公共服务的"有效度"是指居民的参与是有效的，不是走过场，是真正按照居民的意见来决定公共服务的数量和供给结构。农村社区居民参与公共服务的"有效度"越高，越有利于促进居民的参与。因此，应采取措施不断提高农村社区居民公共服务需求表达的"有效度"。

第一，不断促进农村社区居民由个人参与公共服务需求表达上升到通过社区组织参与公共服务需求表达。当前，我国农村社区参与多为个人的参与，如收集公共服务的意见、对居民进行民意调查等。由于农民个体力量小，不具备与政府、社区等相博弈的能力，因而个体参与的有效度较低，是一种"象征性"的参与。从国外参与实践来看，居民真正的有成效参与不是个体层次的参与，而是通过社区组织来参与。在美国，有一个称为"平民规划"的社区运动，就是居民通常经由社区组织发动而捍卫自身权益、提高社区生活质量的社区运动，使社区规划能准确反映居民的需要、维护居民的切身利益，提供居民需要的公共服务。我们可以看出，如果通过各类社区组织来参与，则会大大增加其参与公共服务的有效度，而且社区组织的规模或实力越大，公众参与的成效越大，也可以因此而促使相关部门和社区正确对待公众意见。因此，应该不断促进农村社区居民由个人参与公共服务需求表达上升到通过社区组织参与公共服务需求表达。

第二，不断扩大社区居民参与公共服务需求表达的深度。我国许多地区的农村居民的参与公共服务需求表达长期停留在意见反映、信息反馈、政务公开栏层面，居民参与不够，难以取得实质性的效果。因此，应该建立健全农村社区居民公共服务需求表达制度，明确规定居民参与表达过程中应该包括内容：公共服务规划、决策、监督、评估等，切实做到社区事务由社区居民做主。

第三，不断扩大社区居民参与公共服务需求表达的渠道，最大限度满足社区居民公共服务需求。由于社区居民的公共服务偏好不同，公共服务需求表达的社区参与中居民意见难以统一，因而只能少数服从多数，不可能满足所有居民的需求，难免会有一些居民的要求不能满足，从而使部分居民受挫。为此，应广开正式与非正式的居民参与渠道，如开辟社区居民听证会、社区居民论坛、社区对话等来回应相应居民需求，不仅能够继续激发居民参与公共服务需求表达的热情，而且能够提高社区居民参与公共服务需求表达的"有效度"。

第四，构建农村社区居民参与公共服务需求表达的利益机制。社区居民参与公共服务需求表达所带来的利益是吸引居民社区参与公共服务的直接动力，既是社区居民有效参与公共服务需求表达的原因，也是其参与有效公共服务的结果。因此，应该及时构建农村社区居民参与公共服务需求表达的利益机制，保障社区居民参与公共服务需求表达活动给居民带来利益，切实解决社区居民的问题，只有这样才能增加居民参与的有效性，不断吸收社区居民参与公共服务。

（二）培育农村社区民间组织

1.优化农村社区民间组织发展的制度环境

加强农村社区自治制度建设，建立鼓励社区内部农民的公共服务需求表达的激励机制。一方面，将农村社区服务体系建设列入乡镇（街道）重点工作考核内容，对能够及时与农民群众互动，接受农民群众公共服务需求表达并作出合理回应的工作人员给予奖励，以此激励工作人员用心服务。另一方面，通过完善接受公共服务需求表达信息的流程，及时给予农民群众满意的答复，激励农民群众向社区综合服务中心表达自己的公共服务需求信息。

第一，完善法律法规，为农村社区组织的发展壮大提供法制环境。当前，我国已出台了有关社会团体、社会组织登记管理的法律法规条例，也专门出台了有利于农村组织发展的法律——《中华人民共和国农民专业合作社法》。但是，保障和促进我国农村社区组织不断发展的政策、法律法规仍有待加强。因此，政府应细化有关法律法规，进一步明确农村社区组织的性质、职能、法律地位、行为准则、权责及其违法行为的惩戒措施，确立农村社区服务社会的宗旨，以此规范农村社区组织，使其运作有法可依、运作有序。

第二，降低农村社区组织的准入门槛，为农村社区组织发展壮大提供物质基础。减少成立农村社区组织的注册资金和政策人员的数量。政府按照法律法规对未经批准而事实存在的农村社区组织及其活动进行评估达标检验，并先给予登记，然后限期改进，注重"培育发展"和"事后依法监督管理"，但不能简单定性为违法行为而加以取缔。

第三，改进农村社区公共服务登记管理办法，实行分类、分级登记和管理，不断细化农村社区公共服务登记管理。对为本社区提供公共服务的、小型的、没有技术含量的、外部性较小的社区组织，如休闲类组织（戏剧爱好者协会、文艺表演协会、社区活动中心、俱乐部等），实行由社区村委员会和居民委员会进行自我管理，由农村社区村委会和居民委员会进行登记，再上报乡镇基层政府备案。而对有一定的技术含量、外部性较大或可能给社会安定造成较大影响的社区组织，如社会化社区组织（儿童团体、青年会等）、教育类社区组织、治疗康复团体组织（癌症康复俱乐部、治疗心理疾病、吸毒组织）等需要在乡镇政府登记管理、在县级备案。对活动范围大、可能对经济社会造成重大影响的组织，由县级政府登记备案和管理。

第四，建立健全农村社区居民公共服务需求表达参与制度，用制度保障居民参与公共服务需求表达事务。一方面，从国家层面来讲，应进一步建立健全相应的法律法规制度，将居民参与国家和社会管理纳入法制、法规范围内，使居民参与法制化、程序化，保障"主权在民"，使居民的参与有法律依据；另一方面，我国农村社区应重点建立、健全出台具体的社区自治制度，保障社区和社区居民的权力，培育社区参与意识和服务意识。

2. 给与农村社区民间组织物质支持

目前，农村社区多元化民间组织的形成需要大量的资金和人力资源，这需要政府给予支持。

第一，改变对农村民间社区组织资源投入方式。改变不利于农村民间社区组织的成长和发展的政府直接投入方式，实行政府委托性、奖励性、补贴性的方式。对有发展潜力、公共服务需求表达有力、公共服务需求信息收集及时全面或公益性强的社区组织给予奖励或补贴，支持其发展，鼓励社区组织注重公益性，也可以促进政府及时获得某种公共服务项目或者这个社区公共服务需求的信息，实现公共服务供给及时，公共服务供需匹配，改善公共服务供给结构，提高公共服务供给效率。同时，为促进农村社区组织的不断发展、壮大，可以对农村社区组织实行减税、免税等税收优惠政策。

第二，培养农村精英，充分发挥农村精英在社区民间组织中的作用。农村精英是指具有一定的经济势力、组织经营能力、感召力和一定文化水平的农户。政府应培养农村精英为社区服务的思想，鼓励社区内精英在组织中发挥作用，进而代表社区居民或组织社区居民表达公共服务需求信息。为充分发挥农村精英的号召作用，可以给予社区内精英适当的培训，增强其服务意识，提高其组织水平和组织能力。

第三，政府给予农村社区民间组织直接的人力支持。农村社区普遍存在优秀的人力资源不足，但同时，农村社区民间组织的发展关键就在于有文化、懂技术、会经营的人力资源。因此，在农村社区人力资源缺乏的状况下，政府应在社区组织建立时可选聘优秀人才帮助提出规划、帮助组建，并慢慢培育社区自己的管理者，条件成熟时政府选派人员则从社区退出，让社区成员自我管理和服务。

3. 拓展农村社区民间组织的作用空间

只有政府放松管制，给予农村社区组织发挥作用的空间，才能使农村社区民间组织真正实现促进公共服务需求有效表达的作用，应不断扩展农村社区组织的作用领域，实现农村社区组织的作用领域多样化。当前，我国政府为了社会的稳定严格控制社会（包括社区）组织的作用范围，这有积极的一面，但也大大限制了社会（包括社区）组织的作用。为此，应该在确保稳定、对社区组织进行制度、法律规范的同时，扩大社会（包括社区）组织，特别是农村社区组织的作用领域。只要不违法，农村社区组织可以进入政治、经济、文化等领域，以促进公共服务需求信息的收集，实现农村社区收集的需求信息多样化。

第二节　基本公共服务投入的影响因素分析

让农民能够有尊严地生活，政府提供的公共服务就必须改善。近年来，我国政府在各项公共服务领域投入了大量财政资金，农民生活状况也较以前有了很大改观，生活质量大大提升。然而，农民基本公共服务的供给是一个多方投入、多方受益的动态过程，政府、个人或家庭无疑是其中两个最重要的主体，其投入意愿、投入规模是否匹配决定着农村基本公共服务的供给水平与供给质量。本章主要就农村基本公共服务供给方面的决策影响因素分别从微观、宏观视角进行分析。

一、新农合农户参与意愿影响因素的实证分析

农村基本公共服务供给中出现的不均衡问题，直接表象就是其供给、需求未能自动实现均衡。其影响因素，既有来自微观需求方面的，也有来自宏观决策机制方面的。笔者主要以江西部分乡镇的农村合作为例，以入户调查的方式，从实证角度来刻画农村基本公共服务供给中的微观影响因素。

我国自 2002 年开始农村合作医疗试点，2003 年在全国推行型农村合作医疗制度。但是，在这组数据背后包含了很多考验，在这期间，既有我们政府官员的担心，认为农村合作医疗历经沉浮，农民积极性是否依然存在？同时也包含了农民对政府的不信任，农民把钱交给政府，自己是否能真正受益？还包含了农民自身的一种基本信任。从现行的制度设计来看，农村新型合作医疗制度本意是力图改善农村相对落后的医疗状况，较为合理地分配医疗资源，但从实际运行来看，原有的政策意图在实践中出现了诸多问题，如农村新型合作医疗中的三方筹资始终找不到均衡点，改革不同程度地出现了"自愿性困境"；农民参保的积极性除了与制度设计部分相关外，还与参与合作的人群中存在严重的道德风险相关，也与实际保障需求有关。上述问题的出现，真正的原因在哪里？是什么原因影响了合作医疗制度的正常运行？

参加农村新型合作医疗，农民要承担部分费用，其他由各级政府分摊筹资。显然，农民是否参与受多种因素制约，例如，个体特征、家庭收入因素、辖区内其他农民的行为以及其他外部力量。个体特征主要可以总结为受教育水平、身体状况、在家庭中的地位、年龄等。一般而言，文化水平较高的农民更倾向于为自己未来储蓄，而文化水平较低的农民则相对短视，宁愿过"今朝有酒今朝醉"的日子。经常有医药开支的人比不经常性

有医药开支的人更乐意接受合作医疗制度，因此，在现实中，老人、孩子及经常性有医药开支的群体更倾向于参加合作医疗。在家庭中的地位也是影响参加合作医疗的重要因素：一方面，如果是家庭的顶梁柱，则无论如何必须参保，为自己也为家庭增添了一份保障；另一方面，由于在家庭的地位，也容易说服其他成员支持自身的参保行为，不会引发家庭内部矛盾。另外，家庭收入通常也是影响农民参保的重要因素，通常情况是收入较高的家庭认为合作医疗不能为自己带来相应的医疗服务，因此，往往不愿意参加合作医疗；相反，收入较低的家庭反而更愿意接受合作医疗，因为在他们看来，有总比没有强。

当然，社会是一个复杂的联合体，个体之间的行为是相互影响的，邻里乡间的参保行为及其所享受的权利与义务会在坊间流传与评说，其间看得见的实惠或不经济都会成为农民参保与否的重要决策依据。外部环境也是影响农民参与合作医疗的重要因素，例如，如果政府强推政策并辅以相对应的说服教育工作，则农民的参保率较高；反之，如果由农民自身根据情况做出判断，则农民的参保率较低。本书主要运用的数据是 2010 年 7 月在江西泰和县、井冈山市、吉水县、遂川四县（市）16 个乡（镇）进行"农村基本公共服务"研究调查的基础上取得的，调查主要采取入户调查方式展开，按照每个县四个乡（镇）、每乡（镇）四个村委会进行混合抽样入户调查。具体方法为：首先，由问卷人对村民进行座谈，宣传本调查的意义；其次，通过自愿方式，由村民现场填写调查问卷，每位问卷人负责 4 个村委会（其中有 8 个村委会采用的委托发放问卷，收集后集中工作的方式进行）；最后，集中工作，整理问卷信息。这里以村委会为抽样单位，合计 16 个乡镇 32 个村单位，以每村发放 20 份调查问卷为基准（调查对象以户为单位，每户一人），合计发放 640 份，收回有效问卷 468 份，无效问卷 172 份，有效率为 73.13%，其中，参保率的户数为 521 户，参保率为 81.4%。问卷包含的基本内容有：一是被调查者的个体情况，例如，性别、年龄、受教育水平、在家庭中的地位、身体状况及年基本医药开支出；二是家庭情况，包括收人情况、家庭规模、收入来源、家庭医药开支；三是对合作医疗制度的认识程度，包括了解程度、了解的途径、他人行为对自己的影响等。

二、新农保农户参与意愿影响因素的实证分析

据统计，截至 2012 年 4 月，江西省新农保覆盖农业人口 26 万人，参保人数达 104.9 万人，已有 290 万年满 60 周岁的农民开始领取养老金。新农保范围的不断扩大给广大农户带来实惠，与此前相比，农户实际福利水平有较大改进。本次问卷设置了 22 个问题，其中，单项选择题 14 题，多项选择题 2 题，填空题 6 题，共计有 26 个要求录入 SPSS 软件的相关因素，问卷问题分为三大类：一是个人及家庭基本特征；二是个人及家庭经济水平；三是对新型农村社会养老保险制度的认知与期望。重点选取如下地区进行调查：2009 年江西省新型农村社会养老保险的第一批试点县（区）为 11 个，分别是新建县、于

都县、永丰县、万载县、乐安县、新余市渝水区、婺源县、修水县、鹰潭市月湖区、浮梁县、芦溪县。2010年第二批试点县（市、区）为13个，它们是南昌县、庐山区、莲花县、靖安县、铜鼓县、龙南县、寻乌县、余干县、信州区、井冈山市、永新县、宜黄县、黎川县。2011年，全省又新增了53个试点县（市、区），至此，全省大多数县（市、区）已覆盖了新型农村社会养老保险制度。本次调查对象从江西省范围内选取了9个县（市、区），它们分别是南昌市进贤县、南昌市湾里区、抚州市东乡县、上饶市铅山县、赣州南康市、新余市渝水区、九江市武宁县、吉安市永新县、宜春市靖安县。问卷的发放对象为16周岁以上的农村居民，在9个县（市、区）内共发放问卷400份，回收问卷378份，其中无效问卷22份，问卷有效率为94.2%。

新型农村社会养老保险制度在江西省范围的基本政策大体一致，无论是在基金筹集渠道、养老金领取条件、缴费年限、缴费的基本档次设置，还是在基金的管理模式、财政的分担机制方面都相对统一，只是在高缴费档次的设置和财政分担比例上略有不同。从缴费档次设置上来看，9个地区的基本缴费档次和政府补贴水平都相同。从缴费100元补贴30元起步，每增加一个缴费档次多补贴5元，即缴费100元补贴30元，缴费200元补贴35元，缴费300元补贴40元，缴费400元补贴45元，缴费500元补贴50元。其中，湾里区和南康市在五档之上还设置了更高的缴费档次，即1000元（每档100元）。由于实行的是多缴多得的激励政策，因此，当地农户的缴费档次越高，政府财政补贴的资金也越多，缴费档次的设立水平间接体现出了当地财政水平及政府对该项民生工程的投入和支持力度。省、县（市、区）财政负担比例不一，9个地区的政府补贴政策都是30元/人/年的定标，但其实行的省、区财政负担比不同。

第三节　我国农村公共服务建设财政政策绩效分析

近年来，构建健全的公共财政体系的关注度越来越高，国家通过的"十二五"规划纲要草案首次提出构建健全的基本公共服务体系，创建公共服务供给方式。由于存在市场失灵等问题，市场无法充分提供公共品，政府作为一种资源配置手段，在提供公共服务方面具有市场难以比拟的优势。财政支出绩效分为宏观、微观两个层面。宏观层面更多关注各项目本身的效率及经济性，而微观层面则包括项目实施主体的贡献度以及农民的幸福感和满足度，绩效评价数据处理与评价结果如下。

一、绩效评价数据处理

（一）方法选择

目前，我国应用较为广泛的绩效评价方法主要有成本—效益分析法、比较法、因素分析法、最低成本法、公众评判发、层次分析法等。本书中采用数据包络分析法（DEA），该法无须事先知道投入与产出之间的生产函数关系，无须先确定指标权重，完全剔除人为因素的影响。在 DEA 分析中，是以技术效率和规模效率以及综合效率来衡量 DMU 的有效性。其中，规模效率反映了被评价决策单元是否在最合适的规模下进行经营；技术效率是指在假定投入不变的情况下，被评价决策单元的实际产出与同样投入情况下理想的最大产出之间的比值；综合效率反映的是技术效率和规模效率的总体状况。一般来说，当决策单元同时达到技术有效和规模有效时，也就是综合效率值为 1 时，该对象的效率被认为是 DEA 有效，而当技术效率和规模效率不同时最优，但至少有一个是最优的，则定义为弱 DEA 有效。

（二）指标选取

农村基本公共服务是一个多投入、多产出的生产系统，且涉及教育、农业、医疗卫生、社会保障等基本方面。因此，选 2017 年至 2019 年全国各省（直辖市、自治区）农村基本公共服务的投入产出数据，测算其技术有效性。在指标选取方面分为两类，一类是投入指标，另一类是产出指标。在投入指标方面选取了预算内农村义务教育经费占财政支出的比例、农村卫生经费支出占财政支出的比例、农村社会保障支出占财政支出的比例、农村文化支出经费占财政支出比例；产出指标选取平均每百个劳动力中初中程度文化人数、农村中乡村医生和卫生员数、农村居民最低生活保障人数、乡村文化站数量。

（三）实证分析

在确定最基本的输入输出指标后，运用 MAXDEA5.0 软件分别对义务教育、基本医疗卫生、基本社会保障和社会文化事业的财政投入的相对有效性进行评价。

公共服务的综合技术效率（TE）、纯技术效率（PTE）、规模效率（SE）的数据，指出了规模变化情况。将我国各省分为三个地区进行测算，总体情况来看，不同地区的农村公共服务的测算结果呈现不同的差异。具体来讲，就是东部整体的农村财政投入效率情况要好于中部，大部分属于 DEA 有效或至少为弱 DEA 有效；而中部地区又明显好于西部地区，我们可以看到，在西部地区中云南、陕西的效率方面表现平平，其余三省均差强人意。不过这个原因是比较鲜明的，这与经济实力有着密切关系，东部的农村公共服务设施比较健全，并且国家政策，方针贯彻也会比较彻底，相比较而言，中部地区和西部地区在这方面要稍显薄弱。

河北、辽宁、江苏等 7 省在三年期间均属于 DEA 有效，并且处于规模收益不变的状态，其投入产出已经达到了最优阶段。而北京、上海、广东等 7 省属于弱 DEA 有效，都存在投入过多或产出不足的特点，表现偏于中规中矩。而其余 14 个省（自治区、直辖市）都属于非 DEA 有效，这说明其地区的农村公共服务状况相对不足，财政的投入并没有得到充分利用，产出不足，表明这些地区的农村公共服务体制的缺陷。

根据各地区后面对应的规模收益变化情况，在非 DEA 有效的 14 个省中，我们可以发现福建、海南、吉林等9个省在2007—2009年三年期间都处在规模收益递增的阶段。这个说明这些地区的农村公共基本服务规模过小，还拥有巨大的发展潜力和成长空间，应加强这些地区的农村公共服务财政投入，增加投资，优化资源配置。而山西、广西、陕西3省处于规模收益递减阶段，这说明这些地区存在不同程度浪费资源的问题，对此更为重要的是整合农村公共服务资源，限制盲目投资，重点关注财政投入在公共服务质量上的作用，缩小公共服务规模，调节投入资源要素的数量，关键是提高农村公共服务效率。最后，研究未能利用构建 Tobit 计量模型或 Logit 模型来准确地确定影响我国农村基本公共服务财政投入低效的影响因素和程度，只是简单测算了一下我国农村公共服务财政投入的综合技术效率、纯技术效率和规模效率，这是一个不足之处。

长久以来，农村公共服务对于农村社会发展和经济增长都十分重要，发达国家近些年的发展已经表明，农村公共服务供给对改造传统农业、实现农业产业升级、将现代文明引入农村、改善农民生存状况起着重大作用。这是由于农村公共服务的高效供给可以提高农业生产力，促进农村经济发展，满足农民日益增长的教育、卫生、社会保障、文化等公共需求，可以极大地提高农民的生活水平和生产积极性，毫无疑问是农村经济和社会发展的重要条件。最后，本书认为，中国政府属于全能型政府，而我国社会主义的基本价值就是社会平等、政治民主和以人为本。所以，我国政府转向服务型政府是必然的趋势，这也是我国经济社会全面转型的客观要求。这样才能建立完善的公告服务体制，强化公告服务职能，政府才能将更多精力投入发展社会事业和提高人民生活中。

二、绩效评价结果

（一）评价方法概述

政策绩效主要是衡量政策的有效性和精准性，而政策绩效的精准评价与采用何种评价方法又有很大关联。因此，要客观评价农村公共文化服务财政政策绩效，首先要确定合理有效的政策绩效评价方法。农村公共文化服务属于软件建设，指标大多难以进行量化，要对农村公共文化服务财政政策进行科学合理的绩效评价存在一定困难。目前几种常用的绩效评价方法主要是业绩评定表法、目标管理法（MBO）、关键绩效指标法（KPI）和数据包络分析法四种类型。

（1）业绩评定表法。该方法主要是通过设计科学合理的绩效考评表，表中设定几个性能指标和相应的分数，这种评价方法一般用于部门绩效评价和项目评价活动中。业绩评定表法简便易操作，被广泛应用于众多行业和领域。在评价农村公共文化服务设施的使用效率中，也有不少学者运用此种方法。如为考察某个乡镇或村落的公共文化服务基础设施的使用效率，可以采访当地公共文化服务基础设施附近的农民群众，并让农民群众对公共文化服务设施进行满意度打分，从而判断该设施的使用效率水平。然而，业绩评定表法是一种主观评价方法，评价结果在很大程度上依赖于评价表的设计是否科学合理，在实际操作过程中评估者可能带有一定主观性，评估结果不能如实反映实际情况。

（2）目标管理法（MBO）。"现代管理学之父"彼德·德鲁克最早提出目标管理法，现已被管理领域的大多数研究者所应用。该方法要求把总目标分解为一个个阶段目标，每个阶段目标有具体可行的计划，通过实现阶段目标，从而最终实现总目标。我国农村公共文化服务建设的财政政策目标就是满足广大农民群众日益增长的精神文化需求，其阶段性目标则是不断建设和提供各类公共文化服务设施和服务，为实现其总目标先制定可行的阶段性目标。目标管理法容易受到人为因素的干扰，其缺点是目标设定时有一定困难、目标关联性受主观影响较大等。

（3）关键绩效指标法（KPI）。意大利著名经济学家帕累托最早提出关键绩效指标法，即"二八定律"。帕累托发现，企业经营中80%的工作任务由企业20%的关键工作来完成，把握住20%的关键指标，就能提升部门的整体绩效。部分学者将关键绩效指标法（KPI）运用到我国农村公共文化服务的财政政策绩效评价中，指出农村公共文化服务建设的目标应为满足大多数农民群众的需求，而不是每一位农民的需求，财政资金应投入农民喜闻乐见的主流文化。关键绩效指标法的优点是标准鲜明，容易评估，政府部门对财政资金的投入能做到有的放矢，但关键绩效指标的选定也具有一定的主观性，缺乏一定的定量性，对于其他内容缺少评估，应适当注意。

（4）数据包络分析法。这一方法又称"DEA分析法"，上述几种方法都是主观定性的方法，而"DEA分析法"是一种定量分析方法。"DEA分析法"主要有输入输出变量、决策单元、有效性等指标，运用每个决策单元的输入值、输出值计算有效生产的前沿面，是一种适用于同类型的多个决策单元、多投入、多产出的相对效率评价方法。第一，DEA模型无须构建具体的投入产出生产函数，只需观察输入指标和输出指标，建立数学规划模型求解即可给出评价结果；第二，DEA模型能很好地估算多投入和多产出的复杂系统效率；第三，DEA模型中投入、产出指标的权重可以建立数学规划模型，然后根据实际数据而产生，可避免各指标量纲的不同而寻求权重因素所带来的不利因素。

"DEA分析法"同样也能测算我国农村公共文化服务建设财政政策实施绩效。

第一，我国农村公共文化服务建设的投入是多方位的，包括实体性设施建设和人力资源投入等，运用"DEA分析法"只需确定哪类财政投入与公共文化最终产出相关联；第二，农村公共文化服务涉及各个层面，财政政策对农村公共文化服务投入也具有多样性，符合数据包络分析法这种计算多输入、多输出的效率方法；第三，在衡量我国农村公共文化服务建设财政投入和产出变量时，无须对指标的量纲进行特定要求，只需要明确输入输出指标即可。

（二）评价方法选择

目前，理论界中公共文化服务绩效评价方面的相关文献不胜枚举，但关于农村公共文化服务建设财政政策绩效评价方面的文献几乎没有。然而现有文献的研究成果也为本书的研究提供了参考。在现有文献当中，大多数学者采用 DEA 方法评估公共文化服务绩效，不过学者们在研究中选取的指标不甚相同。在对国内外学者研究成果归纳总结的基础上，结合本书的研究对象，构建相应的投入、产出指标体系，将我国 31 个省、市、自治区设置为不同的决策单元，选择采用 DEA 模型对我国这 31 个决策单元的财政政策绩效进行定量评估，从纵向和横向进行分析比较，就如何改进并提升农村公共文化服务财政政策绩效提出有关建议。

三、我国农村公共文化服务建设财政政策绩效的评价过程

（一）超效率 DEA 模型

DEA 模型是一种非参数估计方法，评价时无须设定评价函数的具体形式，该模型的最大优点就是能对多投入、多产出的多个决策单元进行绩效评价，主要方法过程为采取线性规划的方法，通过生产前沿面的构建，以不同决策单元的真实生产效率距离最优生产前沿面的距离来计算该决策单元的无效率情况，进而通过无效率值反演计算出决策单位的实际生产绩效。那么在本书中的 DEA 应用体现在选择合适的政府农村公共文化服务投入产出指标，基于 DEA 模型的 CCR 假设，即规模报酬不变的情况下，计算农村公共文化服务建设财政的绩效得分。

（二）指标设置和数据来源

为了科学客观地评价我国 31 个省、市、自治区（港澳台地区因数据缺失暂时不做分析）的农村公共文化服务财政政策绩效，我们利用超效率 DEA 模型进行绩效分析。其中的数据范围依照可获取性原则选择了 2011—2016 年为实证分析时间。此外，将我国 31 个省、市、自治区设置不同的决策单元。

在 DEA 模型的指标体系下，我们将财政投入指标设为各省份的地方财政一般公共预算支出内的农村公共文化服务支出，产出指标为农村公共文化服务的相关文化基础设施、文化产品和相关的文化服务。此外，参照已有文献的设计，我们将投入指标设计为省份内的农村地区公共文化事业费（并根据直接补贴、间接补贴、政府购买、以奖代补四个指标进行分类），并将产出指标定义为其中有代表性的文化设施、产品和相关文化服务。

第五章　乡村战略下农村基本公共服务的财政体制保障机制分析

第一节　财权配置与基本公共服务供给

在公共品理论和公共选择理论形成过程中，传统财政理论得到了充分的理论阐述与证明，无论是"以足投票理论""俱乐部理论"还是"奥茨分权定理""最优分权模式菜单"，其核心思想就是强调地方政府竞争，主张将配置资源的权力更多地向地方倾斜，促进提供更优质的公共品。近年来，新一代分权理论运用激励相容和机制设计学说，主张在委托—代理框架下解决政府间的激励问题。在我国，长期以来，出于管理的需要而对中央政府宏观性资源优势利用较多，对地方政府在税源管理上的优势认识不足。因此，在诸多讨论税权配置的研究文献中，讨论最多的就是如何借用西方理论来改进我国的财政分权，在中央政府、地方政府及地方各级政府之间进行合理的权利配置。目前，我国学者的观点主要有以下两种：一种观点认为，我国的纵向权利配置应与政体一致，应将经济发展中大多数的权利集中在中央政府；另一种观点认为，应赋予地方政府一定的经济发展自主权。1994 年，财税体制改革在及时扭转两个比例偏低的窘境、强化中央财政的主动性方面发挥了积极作用的同时，也初步建立了一套适应经济社会形势变化及符合国际惯例的财税制度。但是，随着经济形势的发展变化，我国财税制度也在不断进行调整与改革，央地关系、两税合并、消费税范围的重新调整、增值段转型的试点改革、资源领域内税收改革等都表明中央政府对中央与地方财政关系的重视，希望能够在完成体制改革后通过地方财力的增强增进和改善基本公共服务的数量与质量。这些年来，中央政府通过财政体制上的改革确实对我国农村基本公共服务的供给产生了深远影响，但是，这种基本公共服务的改善是否来源于财政体制的调整，研究者的观点不一。笔者认为，在一国制度安排中，财政关系的一系列制度安排是基础性的制度安排，它不仅直接影响着地方政府的行为，更直接影响着基本公共服务供给的类型与质量。

在未来很长一段时间内，国家之间的竞争可能都会反映到经济实力方面来，而从制度经济学的角度来看，现行一切正式的与非正式的制度都可能对经济发展产生积极或不积极的影响。财政权利作为处理政府间关系的重要权利之一，其配置状况将大大影响经济发展的实际绩效。

一、经济发展与财权的基本关系总结

中国经济之所以增长甚至创造"东亚奇迹"，多数学者认为是财政分权所致，集权体制的不断分权化与地方政府主导的制度创新是理解中国经济增长的两个重要方面。改革开放以来，中央政府与地方政府的分权改革创造了一种被钱颖一教授定义的"中国式财政分权"，这种分权模式通过政治激励与单纯的经济 GDP 标尺竞争赋予了地方政府推动经济发展的充分能力。可以认为，中国经济持续多年来的 GDP 高位运行，其主要动力来源于"中国式财政分权"的制度安排。

（一）世界历史经验

历史经验表明，在一个由多级政府构成的国家中，通畅的中央、地方关系无疑会促进改革的顺利进行并取得较好的改革绩效；反之，则会影响改革进程甚至造成混乱。而要处理中央、地方之间的关系，制度经济学家认为，关键在于协调好两者之间的财政关系，因为政府是一种将经济外部性内部化的组织，财政不过是为保证这一组织正常运行的金融手段而已。在处理中央地方财政这层关系方面，多数国家的成功经验是：要取得良好的经济发展绩效与提高公共品供给效率，在政治与经济上同时实行分权是一个不错的选择。显然，如何在多级政府间合理配置税权，既是政府间财政关系处理是否妥当的标志之一，同时也对经济发展有着重要影响。

（二）我国现实状况

改革开放以来，中国经济取得了世界公认的长足发展，连续高位增长的经济被世人誉为"增长奇迹"，这不仅有力回击了"华盛顿共识"，还在回击基础上建立了具有中国经验的"北京共识"，而这对世界各国尤其是欠发达国家具有极大价值，目前正成为不少其他发展中国家寻求经济增长和改善人民生活的模式。显然，巨大的成绩主要得益于我国不断进行的经济体制和政治体制改革。有学者认为，中国奇迹的发生固然是多种因素促成的结果，但"中国式分权"被认为是缔造中国经济增长奇迹的一个关键性制度安排。然而，中国独特的财政分权模式与政治垂直管理体制是否一直能取得很好的经济绩效？有学者认为，中国特色的制度安排，即政治垂直管理体制中的官员 GDP 考核方式，实际上提供了一种类似"蒂布特"式的地方竞争，这是其成功的主要激励机制。然而，科学发展观的推行意味着 GDP 的官员考核方式可能需要转变。那么，我国经济的进一步发展依赖什么来推动？显然，世界经验为我们提供了一个可供参考的范式，虽然我们不能完全预测合理的税权配置将在我国经济发展中发挥怎样的作用，但是，如果我国的税权处理不合理或不妥当，则势必会影响经济绩效。

我国财政体制改革实际上走了一条既破又立的道路，在打破旧的传统财政体制的同时，按照市场化改革的要求建立了新的具有相对独立与完整形式公共性的财政体制。

1978 年以后，我国继续延用"统收统支"的财政体制，中央财政在其中发挥着重要的作用，它统揽一切，无所不包，地方机动财力与自主财权非常小，收支基本上由中央财政确定，有人根据其活动内容将其定位为"大财政""生产建设财政"等。当然，我们不能简单地认为此时的财政就不具有公共性。事实上，在当时高度集中统一的计划经济条件下，财政支出也具有一定的公共性，只是与现代公共财政框架内的公共性相比，在高度统一的计划经济制度下所形成的财政公共性是一种被扭曲的公共性，需要在改革中加以纠正。

在高度统一的计划经济体制下，计划是一种极强的资源配置手段，市场作用受到排斥甚至禁止。然而，经济发展需要微观主体根据市场信息自主做出判断与决策，市场化经济体制改革为财政体制改革明确了方向。因此，在第一步的财政体制改革中，主要任务就是培育多个投资主体，改变中央财政单一投资主体局面。与此相适应，地方政府与企业在这轮改革中获得了相对较多的财政自主权与决策权，能够自由地根据市场信息灵活地独立进行决策。从高度统一的计划经济向市场经济过渡，与市场化改革取向的目标一样，财政体制改革的主要任务是积极培育市场，而在当时的制度环境下，多市场主体是其第一步，选择地方政府作为主体之一尽管不合理但总算开了个头。因此，在这场被誉为"中国式分权"改革的过程中，财政支出范围已大为改变，国有企业也一改利润上缴的传统而变为征税，税收制度也逐步按照有利于市场经济活动而进行调整，财政尝试在公共领域内发挥作用。当然，由于市场尚处于培育中，财政不可能一步到位地从统包统揽转变为专注公共领域。但与此前被扭曲的共性相比，财政公共性正处于逐步恢复与调整过程之中。

市场化改革需要政府的扶持与引导，但是如果政府扶持或者培育不当也可能酿成诸多不良后果，在"中国式分权"改革过程中，地方政府相对财权的扩大导致了市场与地区分割，弱化了中央财政的宏观调控能力，对于一个需要政府分类提供诸多公共物品的转型国家而言，这不是一个令人满意的结果。因此，以财税体制为突破口，我国 1994 年以西方财政制度为参考系进行了大规模的财税体制改革。有人认为，这次财税体制改革的实质是财力结构的调整，是中央财政在财权上的振兴。但从市场化的角度来看，1992年我国确立了以社会主义市场经济体制为改革目标，财政体制改革在市场化背景下已将其目标定位于弥补市场失灵了，也就是说，财政已经或正慢慢从非公共领域退出，也真正按照市场经济要求在构建我国的税收制度，财政支出在逐渐转入为市场服务的领域。从实际效果来看，财政体制对市场化改革所做出的改革回应是积极与卓有成效的，中央财政与地方财政在这次财政体制改革中都增强了财力安排的回旋余地，不可避免地，在某些财政制度安排方面仍然具有过渡色彩。

至此为止，在政府主导的强制性财政制度变迁过程中，以市场化为进退标尺，财政在市场培育与市场弥补两方面发挥了重大作用，微观主体的市场决策权已从财政转移至企业与个人，市场在资源配置中的基础性地位已初步建立，可以说，搭建公共财政框架已具备条件。与此前的财政体制改变相比，1998 年后我国财政体制的改革呈现下列特点：

（1）决策层对财政定位于公共领域认识清晰并主导着这场公共化改革，党的十五届五中全会明确将建立公共财政初步框架作为"十五"时期财政改革的重要目标，党的十六届三中全会进一步提出了健全公共财政体制的改革目标，发展市场经济需要相应的公共财政制度配合已经成为共识。

（2）改革已突破了原有在收、支方面的讨价还价，而是具体涉及实现财政纵向不公平和横向不公平两方面的问题，省级以下政府转移支付越来越受到重视。

（3）以法制化和公开化的财政支出管理促进财政服务的公共化，并为此推出部门预算、国库集中支付、政府采购三项制度来配合这项改革。

（4）以 1998 年积极财政政策和社会主义新农村建设为契机，通过国债发行，财政实现了在公共领域内的大规模投入，尤其在 2003 年"非典"过后，政府在农村诸多公共领域也进行了大规模投入，财政服务的公共领域范围逐步与市场经济国家的财政服务领域接轨，突出的民生问题在财政公共性日渐凸显的条件下正逐步得到妥善解决。

从实践来看，以市场化作为经济体制改革目标，以公共财政框架作为新时期财政改革的重要目标，是社会主义市场经济体制作用不断增强、财政改革不断深化的结果。其实，在很长一段时期内，我们在探索市场经济体制改革的时候并没有有意识地建立公共财政框架，但在实际改革探索与突破中已经体现了财政公共性的改革趋势。换句话说，彰显财政公共性是我们改革成功的必要条件之一。

有经济学家指出，从经济学的角度来看，一个国家或地区的经济增长绩效最终是由资源配置效率决定的，而中国的财政分权也主要是通过提高资源的配置效率而不是引致更多投资来提高经济增长率的。然而，胡书东等人的研究表明，中国的经济增长是以牺牲公共政策效率为代价的。也就是说，尽管在改革探索中我们发现了竞争这种良好的资源配置机制，也发现了凸显财政公共性、提供更多公共品是改革成功的必要条件，但在过去的改革中，我国经济增长却又损害了公共品的供给效率。幸运的是，在 1998 年后的财政体制改革中，这种情况逐渐受到重视，并在某种程度上提高公共品的供给效率。对此，有学者认为，如果说 1994 年的财税体制改革是第一次按照市场经济原则进行分配关系的调整，那么 1998 年以后的政策效果体现了体制实践的意义，反映了体制效率。当然，这种体制实还存在一些不足，如政府间事权划分尚欠明晰、统一规范的支出标准体系也有待进一步完善、纵向与横向之间的政府转移支付制度也需明文化等。但是，我们已经搭建了公共财政基本框架，未来我国的财政改革一定会将财政的公共性体现得更加充分。

（三）农村公共服务效率

公共服务效率概念肇始于福利经济学，随后在公共管理学和政治学领域也得到迅猛发展，成为一个不断发展变化的交叉学科概念。福利经济学对公共服务效率标准的研究主要集中在公平和投入产出比以及二者关系上，并经历由单一取向向综合取向发展的转变。福利经济学家如 Adam·Smith、John Stuart Mill、庇古等认为，公共产品最公平的供给就是能为最广泛的人员享有，这就成为公共服务效率的最高标准。这种通过再分配而增大社会总福利水平的观点忽视了再分配对生产和效率的反作用，也不能解决公共服务供给过程中的个人偏好显示难题，"完全平等"的结果可能造成公共资源的巨大浪费。为此，约翰·罗尔斯从"公平的正义"准则出发用"公平优先"原则对功利主义的观点进行修正。与之相反，新福利经济学家只强调投入产出比而忽视分配的公平性问题。在帕累托最优状态和效用序数论的基础上，萨缪尔森首次将公共产品效率定义为"公私产品的边际转化率等于所有私产品边际替代率之和"。其他诸如帕累托改进、卡多尔—希克斯函数、西托夫斯基标准等也都强调从投入产出比最高的角度进行公共产品的有效供给，实现社会福利的最大化。投入产出比开始成为公共服务效率核心。新福利经济学派在主流上将平等摒弃于社会福利外，只承认狭义效率标准的理论在现实中陷入"公平和效率相冲突"的争议和困境，"我们对效率的判断显然存在缺乏道德的考量"。20 世纪 70 年代以后，福利经济学家开始从经济的角度和与投入产出比的关系上对平等和正义概念进行研究，试图找到二者之间的融合。值得一提的是，阿玛蒂亚·森他认为，有效率的公共服务应该是通过增加不发达地区基本公共服务供给，提高劳动力素质，改善经济发展环境，从而间接缩小区域间的差距，提高社会的整体福利。此时的福利经济学视阈下的公共服务效率已经超越投入产出比和公平的争论，开始追求二者融合基础上的社会价值。

从历史发展的角度来看，公共管理领域的公共服务效率研究主要经过四个阶段，公共服务效率标准遵循由单一追求投入产出比、社会效率向二者融合乃至追求更高的社会效果的轨道转变。第一阶段是追求狭义经济效率的传统行政管理阶段。这一阶段公共服务效率的标准表现为追求以最少的资源投入获得最多的优质服务，并试图通过技术革新和对过程进行管理以实现此目标。但是，这种只追求投入产出比的管理活动，只能使行政高效率的现象转瞬即逝，进入一个行政低效甚至无效的阶段。第二阶段是以公众需求为导向，以社会公平为首要价值的新公共行政阶段。这一阶段公共服务效率以社会公平、公众需求、民众参与等为核心寻求社会效率。此时的学者多认为效率只有置于其所维护的价值体系中才具有效用和意义，即真正的效率乃是建立在公平基础之上的。然而，只追求民主、公平等价值目标而忽视科学化、投入产出比等价值目标，特别是概念连贯性的缺乏，使该理论并未产生持久的社会影响。第三阶段是 20 世纪 80 年代兴起的新公共管理运动阶段。这一阶段公共服务效率标准由"效率至上"转变为"效率优先",开始在资源最优配置条件下,寻求以一种务实、规范和可操作的形式来实现投入产出比与社会公平的融合。回应性、公民满意和投入产出比成为公共服务效率的组成部分。但是,政府过多关注公民的消费者身份,而忽视公民本身的行为,也为该理论招致了不少批判。第四阶段是 20 世纪末至今的后新公共管理阶段。这一阶段公共服务效率的标准转变为以协调投入产出比和社会公平、公民利益之间的关系并在此基础上实现社会效益、公共价值为主要内容。民主与效率(指投入产出比)是伙伴关系,两者统一于公民需求偏好的满足即公共价值创造过程中。

中国行政场域下的公共服务效率多采用广义的效率观,它涉及生产、分配、交换和消费各个领域,涉及经济力和经济关系各个方面,不仅属于生产力的范畴。效率的标准不限于计量人、财、物等的投入和产出的比率,还包括对社会效益的评估,是数量和质量的统一、价值和功效的统一,并赋予时间以价值含义,将时间纳入不同专业领域的投入与产出分析之中,要求单位时间的产出最大化。

二、我国财权配置错配所衍生的问题

我国财权配置与国家财政管理体制存在密切关系,沿袭财政体制的变迁轨迹,财权的配置改革也基本可以分为两个阶段:一是 1994 年以前基本属于财政统收统支与财政包干的财政体制,中央统揽大权,地方支配零星、小额税种;二是 1994 年以后,财政体制实行分税分级的预算管理体制,从 1995 年 1 月 1 日起实行中央和地方分税制,初步明确了地方政府的税收收益权范围,建立了地方的固定收入体系,并同时分设了国税、地税两套税务机构进行税收征收以保证各自权益的实现。但此后,通过 2000 年《中华人民共和国立法法》、2001 年《所得税收入分享改革方案》、2002 年《关于完善省以下财政管理体制有关问题的意见》等方案,地方税权在放、缩之间又呈现上收趋势。从目前情况来看,我国的财权配置还存在以下不足之处。

(一)财权错配与基本公共服务供给

在现有制度基础上,收入权的配置主要体现在税种的划分上。从目前情况来看,由于我国正处于经济、社会改革与转型时期,政府与市场定位难、中央与地方事权不明的现象还比较严重,实行分税制的基础较为薄弱,从而使中央与地方税权的划分不科学、不规范,国家财力尤其是地方财力缺乏稳定性的法律保障机制,再加上近年来所遇到的宏观经济形势复杂等问题,中央政府事权扩大的趋势并没有得到有效解决,各地尤其是省级以下政府的收入机制并没有在法律的框架内得到有效解决。

我国财政分权与公共服务间的促进或抑制关系主要在于激励合约安排,有人认为,分权是一种制度性工具,可以限制政府部门获取和分配政策租金的权力,也会引发严重的无效地方政府竞争。

制度提供人类相互影响的框架,它建立了构成一个社会或一种经济秩序的合作与竞争关系,财政分权化改革缔造了我国经济发展的奇迹,但同时也导致了公共服务的缺失。从理论上讲,经济分权与政治分权是标准的分权模式,但经济分权与政治集权是否能产生类似标准模式的效果,理论上并没有给出明确答案。中国式财政分权之所以被定义为成功,其判断标准在于 GDP 而非社会福利的增进。因此,确立以 GDP 增长率为主要指标的经济考核体系使地方官员通过相互竞争获得晋升,"为增长而竞争"的地方政府为提振经济发展绩效,在发展中参与财政剩余分配,其所展开的税收竞争主要是采取向中央政府要政策、地方政府出台"土政策"来保持对要素的高度吸引力。当然,上级政府的经济考核导向及留给地方政府广泛的税收自由裁量权也默认了地方政府为增长而展开税收竞争的做法。更重要的是,体制上留存的潜在利益改变了政府的行为方向,中央政府借此保持了高度的政策执行率,但忽视了地方公共品的有效供给。布兰查德等人(Blanchard, Shleifer & Tsuiand Wang)认为,经济分权与政治集权使中央政府能够提供足够的激励和约束,地方官员只有在"标尺竞争"中才能获得中央政府或上级政府的政治信任。中国借此机制在获取经济高速增长的同时也在公共服务方面付出了代价,王永钦等总结为财政分权导致了公共服务方面的群分效应和效率损失。从中我们可以发现,分权化的改革在较长时间内对地方公共服务的供给产生了负面影响。

（二）财权错配影响经济运行机制

财权的高度集中,既不利于培养公民的主人翁意识,在事实上也会默认收费项目、隐性债务等非税收入的高速增长,这与市经济规范化的政府分配方式相悖,也潜伏着巨大的财政危机。更为糟糕的是,财权错配将可能对经济运行机制产生影响,并适而加大宏观调控的难度。从世界范围来看,财权的配置主要可以分为两种:一种是欧洲大陆国家,其财权往往更多集中在中央,政府在经济发展中发挥的作用较大;另一种则是美国,其财权在中央与地方之间的分布更为分散,中央政府、地方政府在经济发展中都发挥着重要作用。显然,财权配置模式的不同将影响经济运行机制,前者政府发挥重要作用,而后者则是崇尚自由经济的国家。而我国 30 多年来的市场化改革使我国的市场化程度缓慢提升,因此,与此相适应,财权的配置应该趋于分散才符合改革的趋势。否则,所衍生的问题则严重影响正常的经济运行。

（三）财权错配影响地方经济水平与财政需求

地方经济作为国民经济的重要组成部分,对国民经济的发展发挥了巨大的促进作用,但是,地方政府在大力发展地方经济与地方事业的过程中,往往会受到"资金瓶颈"的制约,可能进一步阻碍经济的发展。地方政府的财权不完善乃至欠缺,无法筹集地方经济发展所需要的税收资金,因而也就不能满足地方经济发展的财政需求。美国之所以采取分权型的税权划分模式，与美国的高经济水平和较强的赋税能力有一定的内在联系。

第二节　财政分权视野下的经济增长和基本公共服务

如今是一个分权时代，现在的世界基本找不到一个国家不唱分权的调子，从理论上来说，分权有利于资源配置，有利于加速经济发展与提高公共服务质量，但是，并非说分权是包治百病的良药，不同国家在不同制度的约束条件下，即便是同样的分权，其效果也迥然不同。那么，在我国其表现如何呢？我国经济增长及公共服务在财政分权视野下其效果究竟如何呢？

一、财政分权与经济增长

制度因素是一国经济增长的环境性因素，制度因素对于近 20 多年来中国经济的增长更具有决定性意义。多数经济学家认为，经济改革成功与否，首要问题不是"做对价格"，而是"做对制度"，而"做对制度"的关键又在于"做对激励"（getting incentives right），传统的计划经济体制运行效率低下，根本原因在于对道德说教的过度倚重及经济激励的缺位。现代合约理论认为，一个有效的激励制度就是要使个人收益率尽量接近社会收益率。同样，对于一个由有限理性人构成的政府来说，激励也是一样的。自 1978 年以来，中国经济改革走的是一条"微观先行"的分权式改革之路。可以说，迄今为止的所有改革，其实质都是集中在经济发展的动力机制上，即激励问题。在中国经济发展过程中，要使地方政府成为经济发展的"扶助之手"，而不是一只"掠夺之手"，离不开对地方官员的有效激励。历史经验研究表明，俄罗斯"休克疗法"的市场化之路并非一帆风顺，其重要原因之一在于没有对地方官员提供必要与足够的行为激励；反观中国经济发展与市场化之路，基于政绩考核自上而下的标尺竞争是针对地方政府官员的主要激励机制，这种独特的晋升激励极大地调动了地方官员发展本辖区经济的工作积极性。财政体制作为经济体制改革的突破口与重要制度组成部分，它的改革与调整无疑对于经济增长具有重要作用，这种作用主要体现在以下几个方面。

（一）财政分权影响经济增长的机制

（1）财政分权影响资源配置，从而影响经济增长。资源是一国经济增长的主要因素，财政分权主要是通过影响资源流向来促进或阻碍经济增长。从全球范围来看，财政分权既可以在集权体制下进行，也可以在分权体制下进行，在其他条件都一样的情况下，集权化的财政分权有可能导致资源从相对不发达的地区流向相对落后的地区，从而缩小地方区域经济发展差异。当然，也有人认为集权化下的分权可能会忽视政治上弱势的地方，从而导致其公共资源配置不均，拉大经济发展的差异，但这种差异反过来也可能对落后地区起到一定的激励作用，加快其经济发展速度。总之，资源在分权的激励下会流向激励目标的指向，从而加速经济增长。

（2）财政分权促使地方政府间竞争，从而影响经济增长。在传统的"TOM"分权理论下，财政分权的目的是促使地方政府在提供公共服务方面展开竞争，从而促进地方经济的繁荣与税收收入的增长。现代财政分权理论认为，中央政府在收支转移过程中可以通过灵活的政策手段选择，例如，转移支付、财政补贴等手段，促进地方政府间的有效竞争，从而改进效率，加强公共服务的提供，激励地方政府进行制度创新，使本地区在竞争中占据优势地位。好的制度和政策的扩散又将为社会经济的发展创造良好的制度环境，从而促进经济增长。

（3）财政分权促使宏观经济稳定，从而促使经济增长。规范的财政分权可以使地方政府间的财政关系变得清晰明了，提高各地区之间和上下级政府之间协调的可能性，并且这种可能性会有利于推进财政其他改革及保障宏观经济调整的进行，从而使整体经济在宏观经济稳定的前提下快速发展。当然，如果机制设计不当也可能起到相反的作用。

（二）主要结论

自我国实行改革开放以来，经济高速增长，地方政府都有着强烈的投资冲动来发展地方经济，然而，有的地方经济发展绩效明显，而有的地方却前进受阻，江西就是其中的例证之一。尽管江西在近年来经济总量有了明显增长，但这种增长是源于分权体制的制度安排还是其他，我们并不能准确地回答，但我们从过去分权与经济增长的轨迹中发现，在分权水平较高的地区，其经济发展较好较快，而在分权水平较低的地区，地方经济发展动力明显不足。这一点得到了经济理论的验证。从实证分析的结果来看，综合考虑其他因素，我们得出以下结论。

（1）利用好财政分权这一激励手段。实证证明，在中央政府与省级政府、省级政府与设区市的政府大部分回归中，财政激励可以很好地刺激经济发展，但是财政分权在不同的地区会表现出不同的行为差异。从实际情况来看，单一的目标导向可能会损害其他经济发展中的利益，有经济学家指出，要实现 N 个政策目标，至少需要 N+1 个政策手段。同样，要实现经济增长及在此基础上的多重目标，单纯依赖财政分权是不合实际的。但是，财政分权激励是重要也是最基础的一种激励方式，它具有强大的示范效应。我们在制定政策过程中，一方面要运用好这一手段，另一方面要从多方面来考核地方官员行为，规范与引导地方政府在财政分权激励下有序竞争。

（2）分权是一种手段，全国不能实行整齐划一的分权水平。财政分权的目的是提高地方财政的自主程度与发展经济的选择性。当前，我国经济发展水平差异较大，财政自主权也不一样。因此，在实际制定政策过程中，可以结合实际经济发展水平适当提高财政分权水平较低地区的财政自主权。

（3）要重视与启动省级以下政府间的财政分权改革。当前，我国财政分权是在严格约束条件下进行的，省级以下政府间多数采用的是包干制与分税制并行的体制，关系复杂，激励不明朗，地方官员发展经济的热情不是很高。因此，在当前条件下，要在省级以下政府推行分权化改革，在全面总结省直县体制改革的基础上，进一步做实市、县政府的经济发展自主权。

（4）要重视分权化水平的合理化。分权是一种手段，但分权过度不仅不利于中央政府的宏观调控，而且不利于缩小地方经济发展间的差距，加剧资源的不合理分配。因此，在政策设计过程中，要充分利用转移支付这一重要手段来平衡分权化水平，尤其是省级以下政府间的分权化改革，应更多得到中央转移支出的支持。

（5）改变财政支出结构，加大公共服务的供给，整体改善环境与降低企业生产成本。当前受经济增长单一目标的影响，我国财政支出结构具有严重的偏向性，经济增长的严重代价是产生了公共服务供输中的群发效应与效率损失。因此，在未来的分权化改革政策设计中，结构支出偏向应得到及时纠正，降低经济发展成本的公共投入应该得以加强。

（6）要整治制度运行环境。我国的制度运行环境严重影响了制度执行效果，财政分权制度设计需要整个社会制度环境的改善。因此，在设计具体的财政分权政策时，要综合考虑具体的制度环境，共同发挥作用。

我国的经济需要继续健康、快速发展，我国的经济体制改革需要提供强有力的支持，在改革中，既要相信分权化改革对经济增长的正向作用，同时应该及时反思与总结分权化改革中所出现的问题，并积极改善制度运行环境，完善分权化制度，从而推动我国的经济增长。

二、财政分权与基本公共服务

20世纪70年代末启动的改革深刻改变了中国的社会经济状况，尤其在过去30多年的发展中，我国GDP以年均9.8%的速度增长，人均收入增长了50倍，约5亿人口脱贫，经济社会各方面也经历了翻天覆地的变化，成为世界上最具活力的市场经济体。然而，在取得巨大经济和社会进步的同时，我国也面临许多新的挑战，公共服务供给不足就是其中之一。据统计，2008年我国教育、医疗和社会保障三项公共服务支出占政府总支出的比重合计仅为37.7%，与人均GDP 3000美元以下和3000—6000美元的国家相比，分别低5%和16.3%。尽管近年来我国持续加大财政投入，政府公共服务供给有所改善，但总体上仍然面临供给水平不足与供给不均衡等问题。这不仅影响了我国经济发展的动力，而且影响了经济社会发展的质量。因此，应把保障和改善民生作为加快转变经济发展方式的根本出发点和落脚点，建立健全基本公共服务体系，推进基本公共服务均等化，有利于改善经济增长质量。然而，公共服务供给是受多种因素影响的，其中，财政分权是一项基础性制度安排，多数学者认为，财政分权是导致我国公共服务不足的主要原因。关于财政分权理论的研究，最初源于地方公共品供应，无论是传统的 TOM 理论还是第二代财政分权理论，一致认为财政分权的合理性在于公共服务供给的有效性。由于"用手投票"与"用脚投票"机制的存在，地方政府不仅拥有当地选民偏好和公共物品提供成本的信息优势，而且居民可以根据自己的偏好选择不同的地方政府，这样就可以促使地方政府在提供公共服务方面展开有效竞争。为支持这一观点，西方经济学界也从实证角度进行了较为广泛的研究，如法古斯特（Fagust，2004）对玻利维亚 1991—1996 年的时间序列进行研究，发现分权增加了对教育、城市建设、水利和卫生的投资。此外，美国、俄罗斯等国的样本研究也支持了这种观点。当然，近年来，随着财政分权理论研究的深入，财政分权所导致的诸多负面影响也引起了学术界的关注，尤其是在发展中国家，由于制度原因，财政分权对于公共服务的积极效应并没有得到实践回应。在我国的财政分权理论研究中，过去研究基本集中于讨论分权是否有利于经济增长的议题，而最近几年来，财政分权与公共服务间的关系逐渐受到重视，并就具体的公共服务项目展开研究。乔宝云等人分析了 1978 年以来的财政分权改革与中国小学义务教育供给，发现财政分权并没有增加小学义务教育的有效供给。刘长生等人的研究结果表明，提高财政分权度总体上有利于提高我国义务教育的提供效率，但区域之间存在较大差异。平新乔等人考察了财政分权背景下财政激励对地方公共品的供给满足当地真实需求敏感度的影响，认为财政分权背景下财政激励导致了所谓公共支出的"偏差"，这样的偏差不仅出现在预算内支出结构和预算外支出结构之内，而且出现在预算内和预算外支出之间。李齐云等人使用 1997—2006 年中国大陆省级面板数据，检验财政分权和转移支付对中国公共卫生服务均等化的影响，发现财政分权加剧了地区间人均预算卫生经费支出和每万人拥有医院卫生院床位数差距。我国财政分权与公共服务间的促进或抑制关系主要在于激励合约安排，有学者认为，财政分权是一种制度性工具，可以限制政府部门获取和分配政策租金的权力，也会引发严重的无效地方政府竞争。从当前研究来看，很多研究成果显示了财政分权的负面效应。周黎安认为，分权使得地方政府为经济发展展开竞争，其最终结果是在公共服务供给上导致了群分效应与效率损失。

为全体居民提供更合适的社会性公共服务，不仅是政将转型物需要，更是社会变化的结果，也是财政改革取得成功的必要条件之一。本部分主要是基于我国地方 30 个省市 1994—2008 年的面板数据进行的实证分析，发现财政分权与居民公共服务间正向关系没有得到验证，这说明我国的财政分权仅是在支出形式上做了简单的处理，而没有建立与分权制相匹配的地方政府独立财权，地方上更多支出只不过是从中央政府下移至地方政府。尽管我们发现财政保障民生的能力在增强，但是我们还无法识别这种能力增强来源于内在机制还是外在压力，如果来源于外在压力且在压力减弱的情况下，财政保障民生的资源分配比例也就越来越小，社会性公共服务的供给水平也就随之减弱，在单一绩效考核目标下，有时甚至会牺牲居民在公共服务方面的正当利益。

政策的含义在于：第一，如果单从财政分权与社会性公共服务的关系角度来看，应该降低财政分权度，由中央政府在社会性公共服务方面发挥更大的协调与权威作用，保障全国社会性公共服务供给的均等化实现。第二，北京、天津、江苏、浙江、广东的社会性公共水平较高，其中的原因，既有来自经济贡献，也有来自上级政府官员的直接观察，在某种程度上，上级政府与本地政府的行为目标容易形成一致。因此，就这一层含义来看，单纯降低财政分权度也不是唯一路径，更重要的是，在发展经济的同时，需要建立一套协调上级政府与地方政府尤其是中央政府与地方政府行为的激励机制，促使地方决策更多地考虑居民的偏好。第三，实证中，我们还发现，地处西部地区省份的社会性公共服务水平处于较低水平的主要原因来自人口密度的影响，因此，在发展经济的过程中，可以结合国家西部大开发战略，加速推进城镇化或城市化进程，通过提高人口密度来提升社会性公共服务供给水平并改善供给质量。

三、新常态经济下我国的农民收入来源变动

改革开放以来，我国经济从高速增长的发展态势逐步进入中高速增长的新常态经济，根据国家统计局资料，GDP 从 1992 年的 26638.1 亿元增加到 2011 年的 401512.8 亿元，提高了 15 倍，居民可支配总收入从 1992 年的 18090.27 亿元增加到 2011 年的 243121.7 亿元，提高了 13 倍，而居民可支配收入占 GDP 的比例则由 1992 年的 67.91% 下降为 2011 年的 60.55%，下降了 7.36%，农民人均纯收入占人均 GDP 的比例则从 1992 年的 33.92% 下降到 2011 年的 19.82%，下降了 14.1%。

从以上统计资料分析可以看出，1992—2011 年，GDP 高速增加，居民可支配收入虽然从总量上在增加，但其占 GDP 的比例则在减少，这其中以农民人均总收入占 GDP 的减少最为严重，20 年间下降了 10 多个百分点。在经济发展由高速转变为中高速的背景下，在各项发展指标增速放缓的基础上，持续提高农民收入，属于新常态经济下的发展难题之一。这里以国家统计局 1949—2012 年的中国农村统计年鉴中的相关数据为基础，通过分析我国农民收入来源构成动态变化情况及城乡居民家庭人均收入及恩格尔系数的变动情况，探讨 1949—2012 年我国农民收入及消费结构变动情况，预测新常态经济背景下我国农民收入来源变动趋势。

"新常态"这一由美国太平洋基金管理公司总裁埃里安提出的概念，在不同领域有不同含义。在金融领域，"新常态"的金融体系代表着更低的金融杠杆与更多政府干预的结合。正如诺贝尔经济学奖获得者斯宾塞所说，"我们将会有一个非常不同的金融系统，它的新常态将被严格地监管，资本需求会很高，银行系统会更有效"。在商业领域，危机后

消费群体和消费观念发生了很大变化，商业环境也已改变，全球企业界需要拨开经济不确定性带来的迷雾，思考企业在"新常态"中的定位，以适应这种变化。在宏观经济领域，"新常态"被西方媒体形容为危机之后经济恢复的缓慢而痛苦的过程。美国媒体称，大多数美国人在慢慢适应经济形势的"新常态"。但白宫首席经济顾问萨默斯则认为，美国经济不会出现这种"新常态"，实现快速增长的可能性犹存。

2014年的中央经济工作会议首次从消费需求、投资需求、出口和国际收支、生产能力和产业组织方式、生产要素相对优势、资源环境约束、资源配置模式和宏观调控方式等方面阐述了新常态经济的九大特征。从消费需求来看，过去我国消费具有明显的模仿型排浪式特征，现在模仿型排浪式消费阶段基本结束，个性化、多样化消费渐成主流，保证产品质量安全、通过创新供给激活需求的重要性显著上升，必须采取正确的消费政策，释放消费潜力，使消费继续在推动经济发展中发挥基础性作用。从投资需求来看，经历了30多年高强度大规模开发建设后，传统产业相对饱和，但基础设施互联互通和一些新技术、新产品、新业态、新商业模式的投资机会大量涌现，对创新投融资方式提出了新要求，必须善于把握投资方向，消除投资障碍，使投资继续对经济发展发挥关键作用。从出口和国际收支来看，国际金融危机发生前国际市场空间扩张很快，出口成为拉动我国经济快速发展的重要动能，现在全球总需求不振，我国低成本比较优势也发生了转化，同时我国的出口竞争优势依然存在，高水平引进来、大规模走出去正在同步发生，必须加紧培育新的比较优势，使出口继续对经济发展发挥支撑作用。从生产能力和产业组织方式来看，过去供给不足是长期困扰我们的一个主要矛盾，现在传统产业供给能力大幅超出需求，产业结构必须优化升级，企业兼并重组、生产相对集中不可避免，新兴产业、服务业、小微企业作用更加凸显，生产小型化、智能化、专业化将成为产业组织新特征。从生产要素相对优势来看，过去劳动力成本低是最大优势，引进技术和管理就能迅速变成生产力，现在人口老龄化日趋发展，农业富余劳动力减少，要素的规模驱动力减弱，经济增长将更多依靠人力资本质量和技术进步，必须让创新成为驱动发展的新引擎。从市场竞争特点看，过去主要是数量扩张和价格竞争，现在正逐步转向质量型、差异化为主的竞争，统一全国市场、提高资源配置效率是经济发展的内生性要求，必须深化改革开放，加快形成统一透明、有序规范的市场环境。从资源环境约束来看，过去能源资源和生态环境空间相对较大，现在环境承载能力已经达到或接近上限，必须顺应人民群众对良好生态环境的期待，推动形成绿色低碳循环发展新方式。从经济风险积累和化解看，伴随经济增速下调，各类隐性风险逐步显性化，风险总体可控，但化解以高杠杆和泡沫化为主要特征的各类风险将持续一段时间，必须标本兼治、对症下药，建立健全化解各类风险的体制机制。从资源配置模式和宏观调控方式看，全面刺激政策的边际效果明显递减，既要全面化解产能过剩，也要通过发挥市场机制作用探索未来产业发展方向，必须全面把握总供求关系新变化，科学地进行宏观调控。

这些趋势性变化说明，我国经济正在向形态更高级、分工更复杂、结构更合理的阶段演化，经济发展进入新常态，正从高速增长转向中高速增长，经济发展方式正从规模速度型粗放增长转向质量效率型集约增长，经济结构正从增量扩能为主转向调整存量、做优增量并存的深度调整，经济发展动力正从传统增长点转向新的增长点。

根据我国统计年鉴中关于农民收入构成的描述，将其分为四类：工资性收入、财产性收入、家庭经营性收入、转移性收入。工资性收入即劳动报酬收入，是农民受雇于单位与个人，依靠出卖自己的劳动而获得的收入，主要包括三方面：一是农民工在非企业中的从业收入；二是在本地企业中从业收入；三是本地常住农村人口在外地的从业收入。财产性收入，是指通过资本、技术和管理等要素与社会生产和生活活动所产生的收入，即家庭拥有的动产（如银行存款、有价证券）和不动产（如房屋、车辆、收藏品等）所获得的收入，包括出让财产使用权所获得的利息、租金、专利收入、财产营运所获得的红利收入、财产增值收益等。家庭经营性收入是指家庭经营的相关收入，主要是指农产品买卖收入。转移性收入主要是指政府的各种财政补贴，即国家、单位、社会团体对居民家庭的各种转移支付和居民家庭间的收入转移，包括政府对个人收入转移的离退休金、失业救济金、赔偿等，单位对个人收入转移的辞退金、保险索赔、住房公积金、家庭间的赠送和赡养等。

1957—1978 年，工资性收入比例呈上升趋势，1957 年比例为 59.45%，1978 年上升为 66.09%，这一阶段的工资性收入比例占有绝对优势；1978—1985 年，工资性收入比例急剧下滑，下降了 37.48%，而家庭经营性收入急剧上升，由 32.72% 上升为 74.45%，上升了 41.73%。究其原因发现，1978 年改革开放的首轮浪潮是从农村土地经营改革开始的，联产承包责任制极大地调动了农民们的积极性，使农民由一般劳务输出转向土地经营，这一期间，农民的主要收入来源为土地经营收入。1985—1992 年，工资性收入比重由 18.16% 上升为 23.52%，而家庭性收入比例则呈缓慢下降趋势，下降了 2.77%，回顾这一期间的经济改革历史发现，这一阶段属于市场经济体制改革的前奏，计划经济体制下蛰伏的市场潜在资源开始蠢蠢欲动，农民在稳定土地经营收益之后，又开始将富裕劳动力转向市场，使工资性收入比例有所增加。

1993 年，市场经济体制改革正式拉开帷幕，农民收入来源构成里首次出现了财产性收入，尽管比例很小，仅有 0.76%，但这预示着农民收入来源的多样化。1993—2002 年，工资性收入比例由 21.10% 上升为 33.94%，而家庭经营性收入由 73.62% 下降为 60.05%。这一期间，一方面，农村土地资源的有限性；另一方面，农业生产方式的转变，使农村出现了剩余劳动力，而沿海经济带的兴起，对劳动力的需求激增，使农村劳动力向沿海城市转移，部分富起来的农民开始回乡创业，是财产性收入比例增加的主要原因。但这个阶段农民收入仍然以家庭经营性收入为主，说明土地经营收入仍是农民收入的主要来源。2003—2012年，这一阶段是中国经济快速发展的阶段，产业结构快速转型，收入来源多元化，农民开始了由农村向城市迁徙的劳动力转移，使农民工资性收入比例持续不断增加，而家庭经营性收入持续不断减少，财产性收入比例持续不断提高。到2012年，农民收入构成中，工资性收入比重基本和家庭经营性收入比重持平，并有逐渐超越的趋势。

1957—2012年，转移性收入比重尽管在下降后又处于上升期，到2012年达到8.67%，但始终没有超过1957年的11.10%，转移支付对农民收入倍增的作用不大，说明政府对农民的政策性补贴仍需进一步加强。另外，在农民收入来源中，财产性收入比例尽管有所上升，但是到2012年也仅占3.15%，比例远远低于工资性收入和家庭经营性收入，说明财产性收入的作用也远远没有发挥出来。

恩格尔系数和城乡居民家庭收入是衡量人民生活水平的重要指标，自改革开放以来，我国经济迅速发展，人民生活水平得到迅速提高，我国居民消费结构发生了显著变化。恩格尔系数逐步下降，消费需求对经济的拉动力不断增强。在新常态经济下，我国已由排浪式消费，进入个性化消费阶段，消费结构向更高层次转化，不仅推动了经济的持续发展，还提升了经济增长的质量。

本部分以国家统计局的统计数据为基础，通过城乡居民家庭人均收入及恩格尔系数比较分析，探讨改革开放以来我国城乡居民消费结构的变化情况。分析城乡居民可支配收入，旨在分析城乡居民收入差异，人均可支配收入标志着这个居民即期的消费能力，可以看出：自1978年以来，城乡居民可支配收入增长迅速；城市居民可支配收入无论是增长速度还是总额都明显大于农村居民可支配收入。

城乡居民可支配收入增长幅度都在增加，但城镇居民增长幅度远高于农村居民，说明城镇经济发展势头优于农村，原因是多方面的，主要是因为城市工业化进程快，经济得到快速发展；城乡居民收入两极分化严重，收入差距拉大的速度不断加快，收入越高的人其收入增长速度也越快；而收入低的人其收入水平的增长速度反而越慢，甚至出现收入水平停滞不前或者负增长的现象。

城乡居民人均可支配收入指数均是以某一年份为基期的定基指数变动情况反映。本文所使用的数据以统计年鉴中1978年的城乡居民人均可支配收入为基数，反映1978—2012年城乡居民可支配收入的变动情况。从以1978年作为基期的城乡居民指数变化，可以看出，我国城乡居民的收入增长迅速，农村由于基础较差，基数小，农村所有制改革后得到迅速发展，增长速度快于城镇居民可支配收入增长速度。但随着市场经济体制改革，产业结构升级，农民人均纯收入指数增长趋于平缓，城镇居民人均可支配收入指数增长趋势逐渐增强。统计数据显示，在1979—1988年中，城镇居民人均可支配收入年平均增长6.1%，农村居民人均纯收入增长12.1%；在1980—2000年中，城镇居民人均增长6.3%，农村居民人均纯收入均增长 3.8%：在 2001—2007 年中，城镇居民收入年均增长 10.1%，而农村居民收入年均增长仅为 6.1%。这说明改革初期，农村居民收入增长速度高于城镇居民，但进入 21 世纪后，城镇居民更多分享了改革开放所取得的成果。

改革开放以来，农民各项收入来源变动非常大，总的来说均处于增加趋势，与之相应的衡量居民消费情况的恩格尔消费指数等指标变化情况也基本上和经济增长相匹配。在新常态经济背景下，生产和消费方式都会有较大转变，农民收入来源也会发生相应的变动，而党的十八大报告又提出了"十二五"期间要实现"农民收入倍增"的目标。如何在经济增速放缓和农民收入倍增目标之间实现平稳发展，取决于我国农民收入来源的变动情况。

农民工在生产密集型领域的待遇的提高，使农民工资性收入比例进一步增加，一般来说，提高农民工资性收入有两条路径：一是通过实现农村劳动力向非农产业领域转移就业来促进整体工业化的进程；二是通过农村劳动力向城镇转移就业来推动加快城镇化的进程。近年来，通过两种途径的农村劳动力的转移，农民工资性收入在农村居民收入中所占比例逐年增大，2011 年占 42.5%，对农民全年增收的贡献率已达 50.3%。

在新常态经济背景下，生产要素相对优势减弱，人口老龄化日趋发展，农业富余劳动力减少，要素的规模驱动力减弱，经济增长将更多依靠人力资本质量和技术进步，必须让创新成为驱动发展的新引擎。而农民工劳动力转移仍然是实现农民工资性收入的重要途径。因此，要保持农民工工资性收入持续不断增长，需要首先提高农民工人力资本价值，保持农民工人力资本价值的持续增长；其次，保持农民工劳动力转移渠道畅通，也就是保持提高农民工资性收入路径畅通；最后，提高农民工在生产密集型领域的待遇，从而提高农民工资性收入。

土地流转机制的完善，农产品市场流通渠道的畅通，农产品附加价值的增加，使农民家庭经营性收入逐步增加。

1949—2012 年农民收入来源构成比例折线图显示，农民家庭经营性收入比例呈先上升后下降趋势。而家庭经营性收入来源一般是农产品买卖收入，分析其原因，发现农产品市场机制的不完善是造成家庭经营性收入比例下降的一个重要因素。即便是家庭性收入比例处于上升期，也仅是农产品在数量上扩张和价格上竞争暂时处于优势而已，农产品市场机制基本还是处于自由竞争市场阶段。

新常态经济下，从市场竞争特点来看，正逐步由数量扩张和价格竞争转向质量型、差异化为主的竞争。因此，统一全国市场、提高资源配置效率是经济发展的内生性要求。对于农产品市场尤其重要，由于土地是稀缺性非再生资源，提高土地资源配置效率是完善农产品市场的关键。新常态经济下质量型、差异化产品的竞争要求提高农产品的附加值，相应地提高农产品的价值，从而提高农民家庭经营性收入。由此，新常态经济下必须深化改革开放，加快形成统一透明、有序规范的农村市场环境，完善土地流转机制，保持农产品市场流通渠道畅通，从而保持农民家庭经营性收入持续增长。

土地流转机制的完善及政府各项转移支付机制的透明，将使财产性收入和转移性收入逐步增加，从而提高财产性收入和转移性收入所占农民总收入的比例。

1949—2012年农民收入来源构成比例折线图显示，财产性收入比例和转移性收入比例虽然均呈缓慢上升趋势，但其所占比例均很小，说明二者的优势还没完全发挥出来。新常态经济下，在资源配置模式和宏观调控方式方面，全面刺激政策的边际效应明显递减，既要全面化解产能过剩，也要通过发挥市场机制作用探索未来产业发展方向，必须全面把握总供求关系新变化，科学进行宏观调控。对于农村市场来说，农民财产性转移由于其地域性、政策性等原因受到诸多限制，加大农民财产转移是提高农民财产性收入的重要渠道；另外，加强转移支付是完善政府调控职能的关键环节，而政府转移支付职能的完善则是保证农民转移性收入提高的前提。

改善农村消费环境，改变农民消费投资观念，扩大农民投资领域，为农民投资消费提供良好的市场环境，为农民收入提供良好的循环出口，进而刺激农民收入倍增消费和投资是居民收入去向的两个重要渠道，如果仅仅实现农民收入提高，而不疏通农民的消费和投资渠道，最终会使农民收入资金沉淀，资金流通将会出现困难。而农民"小富即安的心态"也会进一步阻碍其收入持续增加。改革开放以来，我国城乡居民消费结构的变动趋势分析显示，我国城乡居民可支配收入及其消费指数存在明显差异，新常态经济下，消费方式的转变，不仅包括城市居民的消费方式，更包括农村居民消费方式的转变。因此，改善农村消费市场环境，为农民投资提供良好的政策支持，进而刺激农民收入进一步提高。

第三节　省直管县财政体制与农村基本公共服务

近年来，公共服务得到了越来越多的关注，尤其是农村公共服务，各级政府持续加大投入，从实际运行来看，农村基本公共服务得到了明显改善，但也出现了很多问题，如区域公共服务差异、公共服务的供给模式、公共服务的投入绩效评价等。如何通过制度设计进一步改进我国公共服务供给的质量与水平成为目前研究重点。近年来，我国学者也将公共服务供给与财政分权联系起来进行探讨，但多数文献集中于讨论公共服务的内涵与外延理解、公共服务支出的效率评价、区域公共服务差异原因、供给服务与收入分配、供给服务与区域经济增长等方面。政策设计上也普遍赞同在目前分权框架下继续深化省级以下财税体制改革，因此，旨在增强县域经济自身发展能力、改善公共服务供给的"省直管县体制"在2005年试点后，2009年在全国全面推广实施，那么，在新的体制下，农村公共服务供给是否有较大的改观呢？

公共服务供给实际上可以看成中央政府、地方政府与辖区居民间博弈的一个过程，在这一过程中，由于信息拥有量的差异，其博的均衡结果也不一致。中央政府是政策的制定者，在博弈中具有先动优势；地方政府在中央政府关于省直管县财政体制改革过程中，可以选择进行改革也可以选择不进行改革，但从长期来看，改革是必然的，在地方经济获得发展所增加的财政收入中，地方政府可以增加公共服务的投入，也可能不增加公共服务投入；对于辖区内的居民而言，对于地方政府的行为可能是配合也可能会选择不配合。我们主要分完全信息与不完全信息两种情况，对上述三个利益相关主体的博弈行为进行讨论。

从博弈论的角度来看待公共服务供给，其中至少涉及三个局中人，即中央政府、地方政府与辖区内居民，而且每个局中人都为理性的经济人，以追求自身的利益和效用极大化为目标。因此，我们可以在完全信息条件下分析局中人尤其是中央政府与地方政府是如何实现自身利益极大化的。

完全信息是指中央政府与地方政府都知道在目前的条件下公共服务供给主要面临资金问题，而且导致这种情况出现的原因双方都清楚。

无论是在完全信息条件下还是在非完全信息条件下，实行"省直管县"是博弈的最后均衡结果，但是，这一结果的形成是基于两个基本假定：一是各参与人的经济理性，且以自身利益最大化为主要目标；二是公共服务与经济发展的基本关系，即随着经济发展与财力的增强，地方政府会自觉增加公共服务领域的投入。而从实际运行来看，"省直管县"实施的绩效如何是由包括经济发展、地理、文化、政治等因素综合的结果，且对县域经济发展具有显著的正向促进作用，但是，我国县域存在较大的差异且初始条件并一不致，地方政府在进行省直管县改革中出现了一个不太乐观的趋势，即随着省直管县改革的不断推进，生产性公共服务供给得到了强化，而服务性公共服务并没有得到改善，公共物品供给结构的扭曲并没有因为推行"省直管县"改革而得到纠正，这说明博弈均衡结果的两个基本假定出现了问题。一是各个博弈行为人的利益取向不一致，中央政府以居民公共服务利益保障为自身目标，地方政府以政绩为自己的目标，而居民多数站在自身的立场上维护私人利益，行为目标的差异影响了各博弈主体的动力。二是动力机制的改变及政绩考核机制的存在并没有纠正地方政府的公共支出结构偏向，"省直管县"财政体制改革对地方经济发展具有显著的"标尺竞争效应"，地方政府用县域经济发展所带来的收入增量扩大了与政绩评价相关的公共服务的供给，而急需增加供给的服务性公共服务并没有得到显著改善。本章博弈分析的重要启示在于：首先，要协调各博弈行为主体的利益目标，控制地方政府的利益异化与转移，建立以"公共服务利益相关"为基础的政府治理结构，使更多利益相关者参与到公共服务供给中来，形成对地方政府的制衡。其次，要在政绩考核指标体系中加入服务性公共服务的内容，变经济发展绩效的单维评价为经济发展与公共服务改善的双目标驱动，鼓励地方政府在公共服务方面开展合作竞争。最后，加大对地方政府的监管力度，"省直管县"财政体制改革确实增强了地方发展经济的能力，但是，缺乏监督的经济能力成长有可能酿成包括服务性公共服务供给不足在内的其他恶果，因此，有必要在现有改革基础上强化对地方政府尤其是县级政府的全面监管。

第四节　我国农村公共服务建设财政政策需求优先序分析

农村公共服务作为一项典型的公共产品，长期存在着总量失衡、结构性失衡的现象。我国农村公共服务的结构性失衡问题主要表现在：供给内容不均衡、供不应求和供不合求等方面。当前农村公共服务产品的供需差距相对较大，乡镇政府的财力又有限，如何使基层政府有限的财力优先支持农民需求最迫切的农村公共服务项目，确定农村公共服务财政政策供给优先序就成了目前急需解决的问题。农户作为农村公共服务产品的直接受益者，对他们各自村庄的公共服务的供给情况和对公共服务真实需求了解最为深刻，因此，我们在对财政政策需求的优先序问题进行研究时，应基于农户的视角予以讨论。本章从农户视角对农村公共服务财政政策需求优先序问题予以展开分析，厘清农户最需要财政政策支持的农村公共服务项目，使农村公共服务的财政政策进一步贴近农户的需要，弥合城乡之间的贫富差距，有助于我国更好地实现共同富裕，具有重要的理论价值和现实意义。

一、需求优先序分析的方法

由于不同学者选用分析方法的差别会导致农村公共服务财政政策需求优先序结果的差异，因此为弥补这一缺陷，并有效保证最后结果的可靠性，最终选择综合运用首选决定法、加权频数法和聚类分析法对农村公共服务财政政策需求优先序展开讨论，通过三种不同方法的相互佐证，进而获得更加合理的财政政策需求优先序结果，从而为财政政策制定提供科学合理的相关建议。

二、需求优先序的调查内容

在调查问卷中设计农户对农村公共服务的财政政策需求情况共选定了 15 个具有代表性的相关项目，这也是结合十三五时期国家确立的由 81 个公共服务项目构成的清单，基本涵盖了我国 8 大不同领域的基本特点，这 15 个项目分别是：乡镇综合文化站、乡村歌舞比赛、送书下乡、流动舞台车演出、送电影下乡、博物馆、文化广场、村组文艺汇演、乡村文化人才建设、乡镇图书室、村组读书会、农民技能培训学校、文物展览、篮球场和乒乓球室。

三、需求优先序的具体分析方法

如前文所述，本章节部分为弥补不同方法间的区别产生评价结果差异较大这一缺陷，并有效保证最后结果的可靠性，最终选择综合运用首选决定法、加权频数法和聚类分析法对农村公共服务财政政策需求优先序展开讨论，通过三种不同方法的相互佐证，进而获得更加合理的需求优先序结果，从而为最后的政策制定提供科学合理的相关建议。具体来看，从农户视角下对受访者15项农村公共服务的项目需求现状展开分析，其中问卷要求受访者在这15个项目中根据个人的喜好和需求迫切度选出5个并进行排序。首先，运用首选决定法，我们将15个项目中被选为第一位次的频数进行最终排序。其次，加权频数法要求我们对受访者按需求顺序选出的5个项目进行权重赋值，每份问卷中被选出的5个项目按照被选出的先后顺序，分别赋值权重为1、0.8、0.6、0.4和0.2，根据权重赋值对15项不同项目的最后总得分进行计算，并根据每个项目的总得分情况进行高低排序。最后，在第三步的聚类分析中，以首选决定法和加权频数法得到的每个项目的总得分为标识，对这15个项目进行聚类分析讨论。根据三种不同方法的优先序结果确定出农户视角下的农村公共服务的财政政策需求优先序。

四、实证结果分析

为更好地分析农户视角下的农村公共服务的财政政策需求优先序，本部分先从全样本视角下展开分析，并就居住在不同地形的农户和不同收入群体的农户的需求优先序异质性展开讨论，从而对江西省农村地区公共服务的财政政策优先序情况进行深入分析。

如上所述，在全样本的需求优先序和不同特点群体的需求优先序异质性分析时均采用首选决定法、加权频数法和聚类分析法，并对最后的优先序结果进行相应的验证，进而得到科学合理的结论。

（一）全样本下的农村公共服务的财政政策需求优先序分析

依据问卷调查的结果，我们对全样本下的农村公共服务财政政策需求位序进行统计分析，首先计算出15项农村公共服务在不同位序上被选择的频次，以及按照前文所提的加权频数法后计算出的最后综合需求度得分情况；其次按照计算结果，分别基于首选决定法和加权频数法做出农户视角下对农村公共服务财政政策需求度的真实大小排名。

因此，综合上述三种不同的分析方法后能得到全样本下的受访者对农村公共服务财政政策的需求优先序。整体来看，江西省受访的543个农户就农村公共服务财政政策支持的15个项目需求态度而言，需求态度最为迫切的项目是加强乡镇综合文化站建设和完善乡村歌舞比赛，加大村组文艺汇演频率以及加大乡村文化人才建设力度需求态度；其次的是流动舞台车演出；第三层次的需求是送书下乡、送电影下乡、文化广场的建设以及对农村乒乓球室的需求；而需求迫切度较低的项目主要为博物馆、村组读书会的建设、农民技能培训学校、文物展览以及篮球场的设立。

（二）基于受访者居住地的异质性分析

本次调查问卷的设计会详细记录受访者的个人居住地信息，其中就包括受访者居住地的地形特征差异，按照问卷设计结果，将543名江西省受访者居住地的信息分为三个不同层次，分别为平原地区、丘陵地区和山区。并以地形特征差异进一步分析受访者对农村公共服务财政政策需求优先序的异质性，同样对每个地形特征的受访者采用首选决定法、加权频数法和聚类分析法对其进行分析讨论。

1. 平原地区

根据首选决定法的统计结果，发现平原地区的394个受访者对于农村公共服务财政政策需求最为迫切的是乡镇综合文化站，共有84人将其列在了农村公共服务财政政策支持的第一位序，其次选择较多的分别是乡村歌舞比赛、乡村文化人才建设和村组文艺汇演，分别有9人、78人和55人将其选择作为财政政策支持发展的第一位序，基本结论与全样本的受访者需求优先序结论一致。说明以上几项公共服务项目也是平原地区农民最为迫切需要得到财政政策支持的项目。然而，村组读书会、文物展览、博物馆、农民技能培训学校、乡镇图书室、篮球场和乒乓球室被选为第一位序的频数则较少，均未达到10人选择。而依据加权频数法的统计总分结果来看，总得分超过100分，排名在前4位的农村公共服务项目分别是乡村文化人才建设、村组文艺汇演、乡村歌舞比赛、乡镇综合文化站。而总得分低于40分，排名在后4位的农村公共服务项目分别是文物展览、博物馆、村组读书会和篮球场，基本结论也与前文全样本分析的相一致。

因此，根据以上两种方法的统计结果，我们按照加权频数法和首选决定法分别画出15个项目的需求迫切度排名大小情况。总体而言，平原地区的受访者对农村公共服务财政政策的需求优先序和全样本下的受访者对农村公共服务财政政策的需求优先序基本一致。需求迫切度排名前5的项目分别是：乡村文化人才建设、村组文艺汇演、乡村歌舞比赛、乡镇综合文化站和流动舞台车演出。此外，排名最末的5个农村公共服务项目分别是：文物展览、博物馆、村组读书会、篮球场和农民技能培训学校。

因此，综合上述三种不同的分析方法后能够得到平原地区的受访者对农村公共服务财政政策的需求优先序。整体来看，平原地区农户就农村公共服务财政政策支持的15个项目需求态度而言，需求最为迫切的是加大乡镇综合文化站建设和完善乡村歌舞比赛，同时还有提高村组文艺汇演的频率以及加大乡村文化人才建设。而相对来说，需求迫切度较低的项目主要为博物馆、村组读书会、农民技能培训学校、文物展览的设立以及篮球场的建设。

2. 丘陵地区

根据首选决定法的统计结果，发现丘陵地区的105个受访者对于农村公共服务财政政策需求最为迫切的是乡村歌舞比赛，共有25人将其列在了农村公共服务财政政策支持的第一位序，这可能与丘陵地区的受访者对文化人才的重视程度相关，故而迫切希望加大乡村歌舞比赛。其次选择较多的两个项目是乡镇综合文化站和乡村文化人才建设，分别有24人和21人将其选择作为财政政策支持发展的第一位序。说明以上3项公共服务项目是丘陵地区的农民最为迫切需要得到财政政策支持的项目。

此外，丘陵地区的受访者对于博物馆、农民技能培训学校、文物展览、村组读书会和乡镇图书室的需求迫切度较低，均未有人选择将这些项目作为财政政策支持的第一位序。而依据加权频数法的统计总分结果来看，总得分排名在前4位的农村公共服务项目分别是乡村文化人才建设、村组文艺汇演、乡村歌舞比赛和乡镇综合文化站。另外，总得分低于10分，排名在后5位的农村公共服务项目分别是文物展览、博物馆、农民技能培训学校、篮球场和村组读书会。

根据以上两种方法的统计结果，我们按照加权频数法和首选决定法分别画出15个项目的需求度排名大小情况。总体而言，丘陵地区的受访者对农村公共服务建设财政政策的需求优先序在两种不同方法的测量下差别较小。前五名的项目基本上一致，排名后6位的项目也大致相同。可以发现，丘陵地区的农民对农村公共服务建设财政政策需求迫切度排名较前的主要为：乡村文化人才建设、村组文艺汇演和乡村歌舞比赛。此外，排名较后的农村公共服务项目分别是：文物展览、博物馆、农民技能培训学校、篮球场和村组读书会。

3. 山区

根据首选决定法的统计结果，发现居住在山区的44个受访者对于农村公共服务财政政策需求最为迫切的是乡镇综合文化站，共有19人将其列在农村公共服务财政政策支持的第一位序，这可能是居住在山区的受访者受限于地理位置的困难，乡镇综合文化站建设较差，因此对乡镇综合文化站的需求较为迫切。其次，山区的受访者对于乡村文化人才建设和流动舞台车演出的需求迫切度也相对较高。而由于调研山区农户样本的数量相对较小，因此对于农村公共服务需求迫切度较低的项目相对较多，共有7个项目未得到第一位序的选票，分别是：乒乓球室、村组读书会、文物展览、农民技能培训学校、篮球场、送书下乡和博物馆。根据加权频数法的统计总分结果来看，总得分排名最高的两个项目是乡镇综合文化站和村组文艺汇演，排名最末的两位是博物馆和文物展览。

根据以上两种方法的统计结果，我们按照加权频数法和首选决定法分别画出15个项目的需求度排名大小情况。总体而言，山区的受访者对农村公共服务财政政策的需求优先序在两种不同方法的测量下差别并不是很大。尤其是排名最末的6个项目排序是完全一致的，分别为送书下乡、农民技能培训学校、篮球场、村组读书会、文物展览和博物馆。而山区农民对于农村公共服务财政政策的需求迫切度最高的仍然为乡镇综合文化站的项目。

因此，综合上述三种不同分析方法后能够得到山区的受访者对农村公共服务财政政策的需求优先序。整体来看，山区农民就农村公共服务财政政策支持的 15 个项目需求态度而言，需求最为迫切的是加大乡镇综合文化站建设，加大村组文艺汇演和乡村文化人才建设支持力度。而相对来说，需求迫切度较低的项目主要为村组读书会、文物展览、农民技能培训学校、篮球场、送书下乡和博物馆。

最后，通过对比分析不同地形特征的受访者对农村公共服务需求优先序的聚类分析结果发现：无论是居住在平原地区、丘陵地区还是山区的农民，对于 15 个农村公共服务财政政策项目中需求最为迫切的 5 项全部都有乡镇综合文化站、村组文艺汇演、乡村文化人才建设、乡村歌舞比赛以及流动舞台车演出。而对于文物展览、博物馆、村组读书会、农民技能培训学校和篮球场这 5 个项目的需求迫切度最低。不同之处在于，尽管农民对于农村公共服务财政政策项目需求迫切度基本相同，但不同地区的农民最为迫切需求的项目是不同的。其中，平原地区和丘陵地区农民需求最为迫切的财政政策项目为乡村文化人才建设，而山区农民需求最为迫切的财政政策项目为乡镇综合文化站项目。另外，不同地形特征的农民对于需求迫切度居中的 5 个项目中（文化广场、送电影下乡、乒乓球室、送书下乡和乡镇图书室）的迫切程度也不同，其中平原地区农民需求迫切度居中的 5 个项目中最为迫切需要的是乒乓球室的设立，丘陵地区农民需求度居中的 5 个项目中最为迫切需要的是文化广场的保证，而山区农民需求度居中的 5 个项目中最为迫切需要的是送电影下乡服务。

第六章　乡村战略下财政保障机制与其他供给机制的协调

第一节　基本公共服务供给中的三种供给机制

一直以来，政府提供公共服务被认为是天经地义的，古典经济学家探讨并回答了政府能够提供公共服务，但政府提供是否有效率及如何保证效率并没有得到直接回答。近年来，公共选择理论的出现，尤其是印第安纳学派研究的深入，政府提供公共服务的天然地位受到了挑战。而在现实中，多种供给主体提供公共服务已成为某种趋势，在发达国家及我国发达地区，正因为有了其他供给主体的加入，公共服务的供给数量与质量才有了较大改善。本章主要探讨公共服务供给中其他供给机制及财政保障机制如何协调与其之间的关系。

从理论上来看，公共品的非排他性和非竞争性两个基本特性决定了其在供给过程中的"搭便车"行为，在某种程度上这种"搭便车"行为影响了其供给水平，因此不得不由政府出面来对基本公共服务进行保障。但是，由于诸多原因，政府主导的供给机制未能解决农村基本公共服务中的效率问题，于是对于是否引进其他新的有效供给机制的呼声逐渐增多。在多数文献与实践活动中，市场供给、自愿供给、混合供给被认为是政府供给公共服务的其他有效模式。

一、市场机制

政府直接提供公共服务常常引起公众的批评与不满，其主要原因在于低效，但市场参与公共服务供给就一定能解决效率问题吗？理论上也存在较大的争论，有人支持，有人反对，也有人持怀疑态度。但自20世纪60年代开始，一些打破政府垄断、改善市政服务的务实政策开始在实际中运用，到了90年代，市场化的脚步明显加快，过去个别、局部与在有限范围内的公共服务市场化现象正演变为一种全球化的日常性事件。市场机制参与基本公共服务供给主要是通过市场机制，借助价格的自发调节能力，对供求关系和配置资源产生自然作用，以此来实现市场均衡和经济、社会资源在各个主体之间的最优配置。

（一）引入市场机制的条件

农村基本公共服务的市场供给机制是个人或组织根据市场需求，自愿联合供给或营利组织供给农村公共服务，以收费来补偿供给成本的供给机制。或许有人认为，公共服务中引入市场机制可以理解，但作为政府必须保障的基本公共服务，引入市场机制是否为政府退出供给找到了一个体面的借口。笔者认为，市场化机制的运作并不意味着政府完全退出，相关部门的监管控制、绩效管理、反应成本控制等都是政府参与基本公共服务供给的表现形式。因此，引入市场机制并不是要否定政府供给基本公共服务，而是一方面运用市场手段强化供给，另一方面运用市场思维管理与指导好基本公共服务的供给行为，使农村基本公共服务的收益与成本基本匹配，参与各方都能从中受益。

当然，引入市场机制参与农村基本公共服务的供给，也并非完全是所有基本公共服务都能引入市场机制，它一般是具有单位投资较大、自然垄断较强、具有一定私人性质的基本公共服务领域，这样，市场机制的引入才能有效。事实上，我国 20 世纪 90 年代以后在环卫领域及基础设施领域、内部市场在国有能源及电力企业中市场机制改革的尝试，都说明市场机制对于解决基本公共服务供给的水平与质量起到了巨大作用。

在农村基本公共服务领域引入市场机制，须有两种基本要求：一是这种基本公共服务必须具备一些明显有利于市场运行的特点，如市场需求的扩大、明晰的产权、政府直接供给效率明显偏低；二是市场发育程度相对较为良好，如市场经营主体丰富且经营管理水平较高、市场工具手段较为丰富，能够为社会经营主体参与公共服务提供足够的通道。

（二）市场机制参与基本公共服务供给的形式

从目前国内外的情况来看，基本公共服务领域引入市场机制的做法主要采用以下五种方式。

（1）个人承包。个人承包在农村基本公共服务的供给中有日渐增长的趋势。这种方式在农村的教育服务供给中多见，农村中、小学的后勤服务大多依赖它，如食堂的承包、课本的承包供给、自来水的供应。在农村医疗卫生中，药店的个人承包、卫生诊所的承包都很流行，其出现的原因有以下三点：一是服务需要连续性且其规模不大；二是农村较偏远，信息不畅；三是由以上两点决定承包方大多为本地居民。从其具体运行来看，个人承包也不意味着政府完全成了"甩手掌柜"，政府要提供服务标准，同时对服务及过程也要进行相对应的监督。

（2）租赁。指将为农村基本公共服务的设备、场所以及土地等对外出租的行为，可以运用程序化对外招标，有资质的承包商签订租赁合同，从而获得物质的使用权，其特点大致如下：一是大多在当地租赁，比如，租用房屋作为医疗场所；二是出租方对其租出的物品必须具有产权或使用权；三是受租方在租期间有足够的回报，或有能够赚回成本的预期。这种方式利用市场的资源优化配置以及效率高的特点，为提供农村基本公共服务开展了路径，但同时因支付租赁费用也会造成公共服务成本增加，在某种程度上会造成地区间公共服务费用的不公平，其引入与运用要考虑当地经济发展程度。

（3）政府采购。在市场经济较为发达的国家，往往由政府提供标准，发布公告，由参与者参与竞争，成功者由政府出资补贴参与者，解决居民基本公共服务供给不足的问题。在我国，这种方式在货物、工程类采购中大量采用，服务类的采购还处于初期，从目前我国试点改革的情况来看，我国政府采购服务基本集中于社区服务与管理类服务、行业性服务与管理类服务、行政事务与管理类服务，基本公共服务类采购还鲜有尝试。其优势在于"阳光监督"，有利于节约财政资金，但是暗中联合抬高价格来获取更多利润的情况也常有发生。

（4）特许权经营。简单来说，特许权经营是政府在一定时间和范围内将某项基本公共服务的经营权授予企业并准许其向服务对象收费。正因为有了价格杠杆，这项服务的供给效率才会相对提高，但这种方式的难点在于具体方式的选择及特许权经营后企业是否会形成垄断。

（5）内部市场。内部市场是在由公共部门提供并负责生产的公共服务领域内，建立模拟市场，用委托—代理关系来限制公共服务供给者的权力，并对其进行施压，使其提高效率，增加对服务对象的回应。其最大优势在于提高服务的质量和解决政府预算问题，但这种方式的运用需要强制性法规来推行，现在只有英国强制实行内部市场，其他国家并没有得到积极回应。

总之，该市场化机制并不是指政府完全脱离农村基本公共服务的供给，而是在该机制框架下政府重新设计权力配置和职能边界。政府除了承担一部分具有很强公益性和外部性的纯公共物品供给外，充分利用私营部门的组织体系和管理能力，将以前政府承担的大部分基本公共服务供给外包或者出售给社会组织。公共部门由聚合转向分化，引入绩效管理策略，将政府从烦琐的实际事务中解脱出来，提高供给效率，促进社会整体活力和社会公平性的提高。同时，公共部门还始终承担着提供公共物品和服务的责任，包括公共服务质量控制、公共服务安全控制和公共责任追究控制等责任。

二、自愿供给机制

自愿供给机制的主体不以营利为目的，其秉承"奉献、友爱、互助、进步"的精神开展各种公益性和互益性活动，主要表现形式为非营利组织、志愿组织、第三部门、社会合作性组织等。

自愿供给机制的主体主要有两种：一是村民自愿提供，此时基本服务的提供主体与享受主体相同。其基本前提是，村民有共同的利益驱动，处于某一范围的农村社会主体会因为行政管辖、地域特征等因素产生共同利益，为促进和保护自身的利益，大家会自主地通过协商合作来完成共同目标，即产生了村民的自愿供给机制。二是非营利组织或第三方部门等主体的自愿提供，此时基本服务的提供主体与享受主体不同。其基本前提有政府要为第三部门制定相应的制度政策，使其能法制化、规范化地运作，获得国家政策的支持，从而促进其发展；第三部门参与基本农村公共服务供给，应该以为农村低收入群体以及弱势群体提供价格低廉或者免费的公共服务为宗旨，目的是使绝大多数农民都能平等享受到各种社会保障服务；同时，国家要理顺第三部门与政府之间的关系，基于公共利益的合作和竞争关系是这种供给主体的基本关系。当然，我国农村地区经济发展程度不一，村民自我利益强化较为严重，两种基本的自愿供给机制有具体适用范围与项目。

村民自愿供给机制主要通过"一事一议"提供农村公共服务，它是一种农民自我供给的公共服务项目，农民是村级内公共服务的供给主体和收益主体，可就村级内的农田水利基本建设、道路修建、植树造林等项目和村民认为需要兴办的集体公益事业等，通过村民大会民主讨论以及民主投票的方式，以集体筹资筹劳的方式来实现其供给。"一事一议"制作为后农业税时代农村公共服务农民自我供给的一项制度安排，更多体现的是在农村公共服务供给筹资上的一种农民"自愿筹资—自我供给—自主治理"的筹资决策程序。第三部门自愿供给机制提供农村公共品主要由第三部门独立提供、生产，它通过收取使用者费用等渠道筹集资金，由第三部门组织生产提供的公共服务包括无形的服务类公共品，如面向农村社区的福利、文化娱乐等项目；第三部门筹资购买政府部门生产的公共品，如第三部门向农村贫困家庭子女提供教育学杂费等；第三部门筹资购买私人生产的商品或劳务，或是将由第三部门筹资举办的农村公共工程或公共设施向私人部门招标，由私人部门生产。一般而言，方式的选择应视第三部门在农村公共品提供中生产事务的效率以及公共服务本身的特征而定。

三、混合机制

无论是社会组织抑或是私人部门，在成为公共部门的伙伴后，很有可能在一定的时期内判断该地区公共服务的提供或生产，而这将可能产生类似于公共部门自身提供一样的新的判断，因而在公共服务的合作供给周期内，仍然有可能会产生新的低效率和低责任性的问题此时，当农村基本公共服务受到需求程度及需求类型的变化、农村政府供给公共服务的政治压力、市场化对农村传统文化的冲击和影响时，具备社会组织化程度及独立程度较高、公共服务管理操作流程和监督体系较为完善条件的乡村，就会逐渐产生和发展出混合机制。

农村基本公共服务的混合机制主体应该是政府、市场、非营利组织、第三部门、村民自己等。由此形成的组合可能是政府各部门之间，政府与市场主体之间，政府与非政府部门之间，政府与自愿供给之间，市场与自愿供给之间，市场内部各主体间，以合作又竞争的方式生产或供给农村公共服务的一种新型配置关系，参与主体的不同及其相互作用产生各异的运作过程或形态，呈现混合型特征。

单纯一种供给机制来解决农村基本公共服务供给中的所有问题似乎有点儿勉为其难，现代公共服务理论发展趋势也显示多机制及多机制的融合是解决我国农村基本公共服务短缺的出路。在这方面，多中心治理理论为我们提供了理论基础，这种理论强调的是一种多元化的公共产品供给结构，指出政府力量、市场力量、社会力量以及农民自身力量都可以、而且应该在公共产品供给领域发挥其应有作用，从而构建一种公共产品供给主体的多元参与机制。也就是说，在公共服务的供给中，改变政府单一主体状态应是目前的共识，著名公共管理学家萨瓦斯指出，"在公共部门的创新方案中，建立伙伴关系是核心要素之一，而所要建立的伙伴关系包括社区伙伴、私营部门伙伴、非营利组织伙伴等"。

第二节　财政保障机制与三种机制的关系

近几年来，在不断加大财政投入力度的同时，各级财政部门力争完善资金投入机制，建立了确保教育、医疗卫生和文化等各项支出增长幅度高于财政经常性收入或支出增长幅度的相关机制，不断加大财政用于教育、就业、医疗卫生、社会保障、住房、文化等方面支出的力度，大力推行政府购买服务，鼓励社会力量提供医疗卫生、公共文化等产品和服务，发挥财政资金的杠杆作用，带动金融资本和其他社会资本投入基本公共服务供给领域，有效地提高了财政对基本公共服务的保障能力。显然，发挥财政保障机制的作用，形成多元供给、多主体参与的农村基本公共服务供给体系已成了某种必然。

一、农村基本公共服务供给机制的选择

在农村公共基本服务供给中，任何单一主体的供给模式都不能有效满足农民的多样化需求，因此，应依据基本公共服务的不同层次和属性以及地区自身的经济水平和特点来构建政府、市场、社会、农民自身等主体多元参与的相应机制。例如，可以根据农村基本公共物品的属性来确定多中心的供给主体，中央政府供给资本密集型物品，地方政府特别是县、乡两级政府供给技术密集型物品，社区组织和村民供给劳动力密集型物品，还可以根据不同地域的经济条件进行选择。我国东部农村地区，相对于中、西部农村地区，经济社会发展水平最高，市场、第三部门等供给主体实力雄厚，由于该地区投资环境好、机会多，各供给主体供给农民更倾向于发展型和享受型公共产品。因此，在我国东部农村地区应该更多选择市场供给方式，政府供给、市场供给、志愿供给、混合供给等具体供给形式的选择，可以根据该地区农村公共产品的性质、分类等具体情况灵活选择。对于我国中部农村地区，经济社会发展水平较东部地区有一些差距，但是比西部地

区高，总体来说，虽然有了一定的发展，但仍然较落后，发展速度比较缓慢，市场、第三部门等供给主体虽已具有一定的经济实力，但相对而言仍然比较弱小，投资环境一般，各供给主体的投资动力不太大。因此，在我国中部农村地区，可以更多采用混合供给方式，充分发挥政府、市场、社会等供给主体的力量。具体供给形式的选择，可以根据该类地区农村公共产品的性质、分类等具体情况灵活选择。对于我国西部农村地区，经济社会发展相对落后，发展速度缓慢，市场、第三部门等民间供给主体资本力量弱小，经济基础差，需要政府的大力支持，由于经济发展落后，投资环境较差，各供给主体的投资动力小，该地区的农民需求更多的基本生产、生活类公共产品。因此，在我国西部农村地区，应更多选择政府供给方式，更多地发挥政府在农村公共产品供给方面的主导作用，以促进西部农村地区经济社会的快速发展。同时，适当鼓励市场、第三部门等供给主体积极参与农村公共产品的供给。具体供给形式的选择，可以根据该类地区农村公共产品的性质、分类等具体情况灵活选择。

二、财政保障机制与其关系的协调

在广大农村地区尤其是不发达地区很难找到因为公共服务需求的动力推动政府公共服务机制变革的证据，政府供给成为农村基本公共服务供给中一种最基本的机制，而在实际基本公共服务供给过程中，一直以来是中央财政资金发挥主导作用，由它来调动包括地方政府在内的各种资金参与农村基本公共服务供给。

（一）政府间财政关系协调

财政保障机制需要协调的重要关系之一就是政府间的财政关系，中国式财政分权确立的以 GDP 增长率为主要指标的经济考核体系使得地方官员通过相互竞争获得晋升，地方官员缺乏改善基本公共服务状态的直接动力，导致了公共服务方面的群分效应和效率损失。1994 年以来的分税制改革到了应该进一步调整与完善的时候，财政体制是中国改革的突破口，中国所有改革的关键不是做对价格，而是做对激励，而做对激励的核心在于如何处理中央与地方各层政府财政间的关系。因此，财政要在基本公共服务供给中发挥其主导作用，我们应在总结现有改革成功做法的基础上，构建"中央—省—市（县）"三级财政架构，以"一级政权、一级事权、一级财权"的原则，形成财、事相对合理的制度安排，并辅以由上而下的转移支付制度确保事权履行的财力保障，而事权的财力保障将有力地巩固政府在农村基本公共服务中的主导地位，体现政府的角色意识和政府责任。

（二）财政保障机制与其他供给机制关系协调

（1）财政保障机制养"权"、市场化机制养"事"。在处理政府间财政关系的基础上，才能协调好与其他供给机制的关系。在这一层面上，财政保障机制要协调好与市场机制的关系，在农村基本公共服务领域内引入市场机制，要防止基本公共服务被市场"边缘化"或被过度"市场化"，并不意味着政府将基本公共服务全部推向市场，而是具有两层含义：

一是在政府供给过程中要运用市场机制的运行思维来管理财政性资金；二是在某些基本公共服务项目上确实可以直接借助市场的力量，则由市场来直接提供。我国广大的农村地区，目前在农村基础设施、村级公路、村级医院、饮水工程、农林牧渔畜、医疗、义务教育中的教育服务与行政管理后勤服务等都出现了市场化萌芽，甚至有的地方发展较为成熟。在具体引入市场机制的过程中，财政保障机制的存在，一是要发挥政府主导的作用，召集各方召开会议，议定各项制度，有意识地培育公众的主体意识；二是将具体的基本公共服务分解，划分为涉及公众基本权利的基本公共服务以及与基本公共服务相关的管理服务两类，前一类由财政保障机制保障，后一类管理服务可以考虑引入市场机制，即政府财政保障机制保障公众作为一名公民最基本的权力及提供与权力实现相适应的财政支持，市场机制主要是对公众实现这些权力过程中由政府直接提供的各类服务引入市场机制，实现"财政养事"的管理目标，进而达到降低政府成本、节约财政资金的目标。

（2）财政保障机制引导、自愿机制自我协调。按照传统与常识的解释，市场经济中追逐个人利益的无限制放纵会释放各种能够摧毁文化、血亲、宗族、公共精神和社会忠诚的力量。因此，要摆脱现代生活的无序与混乱，自愿合作机制是必需的。在我国农村经济长期发展和基本公共服务供给中，要进一步发展合作组织，必须先解决普遍存在的疑虑：一是新型合作组织与传统组织区别何在；二是小农经济较长时期内存在是一个不争的事实，其是否真正需要合作组织来防止公共服务供给困境？如果鼓励发展，是发展综合型的合作组织，还是分而治之，并行发展；抑或两者兼得，因地制宜？农村合作组织又如何能保障财政投入最优规模的实现呢？

传统的合作组织指的是农业集体化中的"三级所有，队为基础"的人民公社等，从制度变迁理论来分析，它基本属于强制性制度变迁模式，属于战略性逼迫的合作，国家或政府拥有农村、农业的所有剩余索取权和控制权，农民仅按工分参与分配，自主生产和决策权被集体所覆盖；而新型的农民合作组织属于中间扩散性的制度变迁或诱致性制度变迁模式，农民的多样化需求是产生合作的源泉，农民自主生产和决策权得以恢复，但是，新型合作组织面对的仍然是一个转型社会，新型的小农以市场需要为导向从事生产经营活动，与"庭院生产"的自给自足的小农有着根本区别。因此，新型小农客观上需要防范市场风险和在交易中维护自己的合法权益，而传统小农卷入社会的程度较低，依靠家庭和家族内部就可基本化解风险。客观需要决定存在，建立综合型、专业型还是两者兼得都不重要，具体采用何种形式则取决于实际需要和"合作者"的发展程度，关键因素在于组织能发挥作用，而不是流于形式。真正的合作组织建立并对农民从事生产有帮助的话，则农户自身的积累水平也会提高，政府投入所形成的公共工程能更好地发挥效应，同时也能吸引民间资金进入公共领域，更重要的是，对于政府资金需求已不再是"等、靠、要"，从而保障财政对农村最优投入规模的实现。

　　财政保障机制与农村经济合作组织是相互促进和共同发展的关系，财政扶持有利于组织健康发展，而合作组织的发展壮大将保障财政对农村基本公共服务投入最优规模的实现。因此，在农村合作组织发展初期，财政应该积极作为，为组织发展创造条件。其思路可分为两类：一是政策扶持，例如，对于向农户提供产前、产中、产后技术服务和劳务的收入免征所得税；销售自产农产品及简单加工的自产农产品，可免征增值税等；还可会商工商部门对其所缴纳的工商费用在一定程度上予以减免。二是资金支持，保证组织正常运转。为此，各级财政应安排一定比例资金，用于支持农村合作组织的发展；政策性银行、商业性银行、信用社等金融部门要积极给予信贷支持，提供低息贷款，帮助解决农村专业合作组织启动资金和流动资金不足；对相关项目要优先考虑立项和资金配套等。

　　（3）财政保障机制与混合机制。混合机制是政府供给机制、市场机制与资源机制的混合，在广大农村地区，单纯依赖自愿机制很难维持村庄基本公共服务的供求平衡，事实上，村民自愿与市场结合、村民自感与政府引导及动员、多部门、多组织联合等形式都是在解决我国农村基本公共服务问题中的创新组合模式。农村地区条件千差万别，各种模式单独实施都可能遭遇难题，政府因为财力等原因不可能对基本公共服务供给"一扛到底"；市场化的组织发育程度也左右其在各地基本公共服务供给中的引入情况；自愿机制中村庄精英与普通民众都表现出一定的参与能力，但缺乏政府财政的引导，其动员资源的能力也极其有限。正如新永鏊的研究所表明的那样，"公共服务提供机制研究中应该有这样一种共识，政府是最重要的，但不是唯一的"。这事实上也就意味着，在未来很长一段时间内，在农村基本公共服务供给中，多决策中心合作的制度安排或许是其较优的出路。

　　在混合制的基本公共服务供给模式中，从传统意义来看，政府的主导地位不可动摇，财政资金分配、基本公共服务供给水平选择等都需要依赖政府的主动性，而在财政力量的主导下，自愿机制能够动员多少民间资源、是否适用市场机制等都需要根据各地不同的情况而决定。

　　总体而论，财政需要分清领域、地域、介入的时机等进行选择性放权与干预。依据经济发展程度，在经济较为发达与欠发达的地区，财政资金的介入具有显著差异，经济发达地区财政应着重促进与鼓励自愿机制的形成；经济欠发达地区财政资金应着重基本公共服务的底线保障。在具体领域选择中，财政保障要着力保障公众的基本权利，着重普遍性服务；而市场机制、自愿机制更倾向于区域性与管理服务。在时机选择上，财政要着重引导与培育公共精神的形成，或者说在公共精神发育较好的地方，财政应该发挥其示范与鼓励效应；而在公共精神发育较差的地区，财政则需要从基本公共服务项目选择上进行培育。

第七章　乡村战略下农村基本公共服务财政保障机制与政策设计

第一节　财政保障机制设计的总体框架

为包括农民在内的全体居民提供更合适的基本公共服务，不仅是政府转型的需要，更是社会发展变化的必然结果，也是财政改革取得成功的必要条件之一。

随着经济社会的发展与进步，公众对于公共服务的需求处于多元交融、复杂多变的上升阶段，以政府为主导提供基本公共服务是我国未来较长时期内面对的主题，而政府的主导地位则主要体现在财政作为方面，财政保障机制的构建必须具有适应性、时宜性与长效性。因此，在具体政策设计过程中，对于基本公共服务的基本内容、财政保障基本公共服务的环境、财政保障基本公共服务的目标、财政保障基本公共服务的指导原则需要构建一个框架性指导建议。

一、基本公共服务的基本内容

从现实来看，财政保障基本公共服务已达成一种共识，但是在具体基本公共服务内容上还是存在较大差异。目前，理论界对基本公共服务的探讨大致有以下三个角度：一是直接与民生问题密切相关的公共服务，如教育、卫生、文化、就业、社会保障、基础设施、社会治安与生态环境等；二是从公民权利来分析，是指与公民生存和发展关系密切且需求最迫切、最基础的公共服务，包括义务教育、基本卫生医疗服务、基本社会保障；三是从消费需求角度来看，刘尚希认为，所谓的公共服务是指政府利用公共权力或公共资源，为促进居民基本消费的平等化，通过分担居民消费风险而进行的一系列公共行为。笔者认为，人是服务的主要对象，从人本身的角度来看需求，基本公共服务的类型具有一定的客观性，也更能满足人对基本公共服务的价值诉求，当然，不同的人存在于不同的社会经济环境中，环境因素也是需要重点考虑的因素。按照马斯洛的需求层次理论，人类的需求是由低到高依次上升，主要包括生理需求、安全需求、社交需求、尊重需求、自我实现需求。生理需求、安全需求属于物质性需求，而社交需求、尊重需求、自我实现需求则属于精神性需求。如果考虑经济发展状况，则在温饱阶段主要解决物质性需求，在小康阶段主要解决精神性需求中的社交需求、尊重需求；在富裕阶段则主要解决自我实现需求。但是,需求层次理论同时也指出,五个层次的需求次序不是完全固定的。因此,在我国现阶段,基本公共服务的保障范围不仅需要考虑需求的递进性,更要考虑需求的交叉性。笔者认为,财政保障基本公共服务的范围主要包括经济性基本公共服务与社会性基本公共服务,其中,社会性基本公共服务是保障的重中之重,如此推算,财政保障农村基本公共服务的范围大致包括农村道路、农田水利建设、安全、生存环境等经济性基本公共服务;养老、医疗卫生、教育等社会性基本公共服务。

二、财政保障基本公共服务的环境

良好的政治环境、雄厚的经济基础及和谐的社会环境为财政保障基本公共服务提供了坚实基础。

(一)政治环境

建立并完善基本公共服务体系关系国计民生,是党和政府必须解决的重大课题。从党的历次会议报告中可以看到党对于建立科学合理的基本公共服务体系的信心与决心。党的十六届六中全会首次明确指出,要逐步形成惠及全民的基本公共服务体系。党的十七大和十七届二中全会又分别强调要增强政府提供基本公共服务能力,推进基本公共服务均等化,缩小城乡间、区域间的公共服务供给差距,改善民众医疗、教育、文化条件,为建立社会主义和谐社会面努力。党的十七届五中全会进一步提出,要结合我国国情,建立以覆盖城乡、可持续发展为目标的基本公共服务体系。党的一系列决议为我国基本公共服务体系建设指明了发展方向,确定了改革目标。稳定的政治为我国财政保障基本公共服务体系的建立健全提供了良好的政治基础。

(二)经济基础

我国经济的总体发展水平、财政收入状况为我国财政保障基本公共服务的建立健全奠定了坚实的经济基础。我国国民经济得到快速发展,经济年均增长10.7%,大大高于世界经济同期水平;GDP占世界份额由4.4%提高到10%左右,并超过日本成为世界第二大经济体。经济的快速发展为我国公共财政保障基本公共服务奠定了坚实的物质基础。

(三)社会基础

当今,包括政府在内的多种主体正积极参与农村基本公共服务的供给,有的地方甚至走出一条具有当地特色的创新之路。农村面貌、干群关系等因为农村基本公共服务的逐步改善与提升也得到了改善,以政府为主导的农村基本公共服务模式所产生的社会效应正逐渐发挥其效应,农村地区的治理水平也在逐渐提升,这为进一步改善农村基本公共服务奠定了较好的社会基础。

三、财政保障基本公共服务的目标

基本公共服务具有动态性特点,其是否属于财政保障的基本公共服务的范畴是会发生转换的，这也就决定了基本公共服务建设是一个长期的渐进过程，我们不能奢望在较短的时间内由财政包办并达到一个较高的水平。因此，在基本公共服务建设的过程中，应该分步骤、分阶段、分目标依次进行。依据这一思路，我国财政保障基本公共服务可以分为基本目标、中期目标与远期目标。

（一）基本目标：基本公共服务的普及性

普及性是基本公共服务品的本质特征，也是提供基本公共服务品必须遵循的基本原则与实现的基本目标，同时，还是基本公共服务运行实践的合理路径。早在 1978 年英国学者 C. 布朗和 P. 杰克逊在总结财政联邦主义经验时提出了基本公共服务最低公平标准。而这一原则与我国现阶段的实际情况是相适应的。当前，尽管我国经济发展速度较快，但人均财力较低，财政保障基本公共服务受到财力限制的因素较为显著，在高水平状态下保障基本公共服务给财政带来较大的压力。但如果因为经济原因而延误基本公共服务建设也会受到来自各方的质疑。因此，根据我国改革渐进的现实路径，近期主要以基本公共服务普及为目标，建立两个以普及性为主要目标的基本公共服务保障体系。这样，既考虑了百姓的感受，同时也兼顾了财力实现基本公共服务的可能性。

（二）中期目标：基本公共服务的均等化

在普及基础上，随着我国经济的进一步发展及财力的进一步增强，在较大范围内提高基本公共服务的保障水平成了可能，因此，在渐进化改革原则的指导下，统一全国基本公共服务的保障标准，消除区域间及城乡间的基本公共服务差距也就成为可能。在这一阶段，基本公共服务的均等化可以作为一个目标选择加以考虑，主要是包括基本公共服务标准、基本公共服务财政保障的人均财政支出内容为主的基本公共服务标准化及人均财力均等化。当然，均等化作为政府设置的目标，基本公共服务的水平比第一阶段要高，但考虑到我国地域、经济发展差异等情况，基本公共服务标准化是否可行、人均财力均衡化所产生的具体基本公共服务效应是否相等都是我们在这一阶段需要考虑的问题。鉴于我国的实际情况，以数字为标准的基本公共服务均等化可能容易观察与考核政府的工作绩效，但对于公众而言，效应的大小感受完全是一种主观价值判断。因此，在实际目标制定过程中，我们需要从数字、效应两方面综合考虑确定，忽视效应的数字均衡容易影响经济发展水平较好地方的政府供给基本公共服务的积极性。同样，忽视数字的效应均衡化可能会导致基本公共服务区域差距扩大。

（三）远期目标：与基本公共服务相对应的权利均等化

以人为本是政府提供公共服务的思想基石，提供基本公共服务是增强基层政府合理性、权威性与改善社会治理效果的良好途径。如果说中期目标是在普及性上的数字均等化，那么，远期目标则是以尊重公民基本权利为前提的基本公共服务供给，保障人的生存和发展基本权利的实现与均等化。均等体现了现代社会的文明，因此，这一阶段财政保障基本公共服务的实现不是一个单纯的财政问题，在某种程度上它是经济问题，也是社会问题，同时又是政治问题。因此，现在很多文明国家把基本公共服务均等化的供给作为治理国家的重要政策。现代政府的职责之一是维护整个社会公平和正义，而基本公共服务是体现这一职责的重要载体，通过政府的作用使基本公共服务对所有公民平等开放，使每个符合法定条件的公民享有同等的生存权利与发展权利。

我国还是一个较为落后的发展中国家，经济建设和社会进步的进程任重而道远，政府基本公共服务体制的建立及完善也还有一个相当长的过程，从目前来看，我国财政能力有限，要实现基本公共服务均等化的"一步到位"不太现实。这就要求我国政府在实现基本公共服务的过程中要掌握循序渐进的原则，从我国现阶段国情出发，把人文关怀和经济可行结合起来，实事求是，尽力而为又要量力而行，三个目标依次递增实现。

四、财政保障基本公共服务的指导原则

基本公共服务供给是一项复杂、系统的工作，由财政来保障基本公共服务的实现需要一个总体性的指导原则。

（一）提供主体中的政府主导性

公共服务供给发展的趋势表现为多中心、多主体已成为一种趋势，单一主体的供给模式已成为历史。在我国现阶段，多主体参与供给的基本公共服务供给模式已达成共识，政府在基本公共服务中需要承担主导性作用，这种主导性有三层含义：一是政府直接供给；二是政府供给相关制度，激励参与主体的积极性；三是政府购买后供给基本公共服务。政府的主导性作用主要是保障基本公共服务供给目标的实现，同时兼顾区域之间的平衡。

（二）供给类型及水平的动态性

在前面的论述中，我们强调基本公共服务与经济发展水平、人的发展应取得一致性，从而表现出分层次、分阶段的动态特点。从理论上分析，基本公共服务具有历史范畴，一项服务是否属于基本公共服务范畴，在不同的阶段是可以转换的，而不是一成不变的。因此，由财政保障基本公共服务实现，在坚持政府主导的基础上，还要坚持基本公共服务供给类型及水平的动态性。在经济发展水平较低阶段，我们希望获得和享受与经济发展水平很高地区相同的基本公共服务水平是不切实际的，与财政保障能力也是相悖的。当然，坚持这一原则并不是为我国政府提供低水平的基本公共服务寻找一个合理借口，而恰恰相反，这是政府主动履行其职责的重要体现。

（三）供给手段的创新性

政府在基本公共服务供给中的主导性事实上也为其他供给主体共同参与供给留有接口，无论是从理论研究还是从各国实践来看，多主体参与的供给模式得到了大家的认同。尽管在我国由于市场发育水平的差异，各主体参与程度不一，但在我国多年的基本公共

服务供给改革中，政府以外供给主体的积极性及提供公共服务的满意度得到了公众的认同。因此，在基本公共服务供给过程中，财政保障基本公共服务，除了直接供给外，还需要重点辅助与支持其他供给主体的发育，引导其参与进来，共同改善我国基本公共服务的供给数量与水平。

第二节　财政保障机制的具体政策构想

在农村基本公共服务供给过程中，要有良性循环机制，保证基本公共服务供给的可持续性，同时还要有具体的政策，保证基本公共服务机制的正常运转。我们认为，农村基本公共服务并不意味着全部是"钱"的问题，首先，应该是"钱"的问题，主要解决基本公共服务供给的首期启动资金问题，同时可以强化政治契约理念，增强各利益相关主体的积极性。其次，有了"钱"后要有良好的用"钱"机制，即投入机制是关键条件，主要解决是供什么样的基本公共服务以及是否应由财政"一包到底"问题。最后，基本公共服务是政府的职责，但政府间的具体分工如何也影响着基本公共服务供给的数量与质量，更影响着其他参与主体的积极性。因此，解决"钱"与"用钱"的问题，另一基础性的机制就是政府在基本公共服务方面应如何协调"权"与"钱"的关系。

一、财政收入机制

前文已述，在农村基本公共服务各种机制中，财政保障机制居于核心地位，主要负责协调关系，动员各利益相关主体、增强投入的积极性。

（一）提升农户税费遵从度

基本公共服务的供给与农户税费遵从度是相互影响、互为因果的关系，基本公共服务的进一步改善有利于提升农户税费遵从，同时农户税费遵从将会给基本公共服务筹资带来利好。实证结果表明，直辖市、东部地区由于财力较好，农户更关注基本公共服务成本分摊的公平感、"搭便车"行为的惩罚给其带来的税费遵从选择；而在中西部地区，基层政府的工作、基本公共服务供给的成本、政策宣传等则影响着农户的税费遵从决策。因此，从这一层面来看，要改善农户的税费遵从度，则必须改善基本公共服务供给，直辖市、东部地区应从基本公共服务成本分摊的公平感、对"搭便车"行为的惩罚等方面入手；中西部地区则应从基本公共服务供给成本、基层政府的工作、政策宣传等方面入手来改善基本公共服务，从而提升农户的税费遵从度。

（二）进一步增强财政支出的主动性

财政保障机制的核心还需要通过财政支出的主动性来体现，在分析中，我们发现，各项财政支出对农村经济发展的顺向冲击效应。但是，还发现这种投入是逆序需求，在某种程度上我国的财政投入是政府的被动接受而非主动作为。但是，近年来，在新形势下党中央提出加大农村基本公共服务的供给实际上是对上述被动作为的改进，农村面貌与农村治理水平得到了显著改善。因此，在下一步财政保障政策出台过程中，应进一步保持这种先进做法，在农村基本公共服务各个领域内主动加大财政支出。

（三）分类强化财政支出考核

在加强财政投入的同时，要强化财政支出绩效考核，应根据不同情况做出政策上的调整：首先，在财政投入空间布局上，在总量增加的同时要适度向中、西部倾斜；其次，从投入结构上，部分省市（自治区）尤其是处于规模收益递减的地区，重点应优化资源的配置效率，增加基本公共服务的有效供给，对处于规模收益递增地区，要增加其投入总量；同时，在投入时间选择上，要区分有效与无效进行激励和惩罚，有效的要增加投入，无效的则要积极改进。

（四）严格国家预算，改变财政资金投入方式，避免资金申报中的恶意行为

基本公共服务供给需要大量资金，需要各方力量的协调配合。从计量分析来看，财政保障基本公共服务存在一个最优规模，过大过小都不利于基本公共服务供给，中央财政从广义财政角度看超过了最优规模值，地方政府相对而言还存在一定的改善空间。但我们一再强调，基本公共服务供给水平与质量的改善，财政资金是重要资金，但不是唯一资金，与资金相比，财政资金的投入机制相对更为重要，为避免资金申报中的恶意行为与争相进京"跑步"，必须在现行财政制度指导下，地方政府、财政部门、申报者一起制定科学、严谨的财政预算，避免发生恶意行为。

（五）加大一般转移支付力度

转移支付制度需要进一步加入更微观、细致的考察指标。首先，要调整一般转移支付与专项转移支付的构成比例，加大一般转移支付力度，按照经济发展水平、人口密度、地域面积、历史遗留等因素考虑人均基本公共服务的财政投入量，在可能情况下，可以考虑建立县级基本公共服务的基本财力保障机制；其次，要加大人大的审查力度，确保基本公共服务在地方总支出中占有一定的比例。

二、财政投入决策保障机制

财政投入决策是农村基本公共服务中最关键的一环，它决定了提供什么样的基本公共服务、提供的基本公共服务是否合乎农户的需求。

（一）充分考虑财政投入决策中的微观因素

从微观角度来看，农户基本公共服务自身投入还受到来自农户年龄、家庭收入、家庭规模、制度认识、家庭地位、生病情况、教育背景等因素的影响。因此，在具体改善农村基本公共服务财政投入决策中需要从微观入手，改善农户自身的合作意愿。首先，在重视财政保障机制的同时，要充分利用国家战略，如在中西部地区可以结合国家西部

大开发战略与中部崛起战略，通过结合东部地区的产业转移，加速推进城镇化或城市化进程，这样，既可以增加农户家庭收入，同时也会提高人口密度，降低基本公共服务的供给成本，从而提升基本公共服务供给水平与改善其供给质量。其次，加强制度的正面宣传与农户的亲身体验，减少农户合作过程中的情绪型抵制，在参与中平衡投入与收益之间的关系。

（二）完善"村民自治"与"一事一议"，保障决策机制

从目前的情况来看，"村民自治"与"一事一议"尽管还存在诸多缺陷，但实践证明，这是符合我国农村地区事实的决策机制，在财政支出有限的情况下，应遵循供求均衡的需求导向的偏好显示机制原则。因此，改革的方向应是：一是要保障村委会组织选举的公正性；二是要保障村委组织运行的正常性与健康性；三是要保障"一事一议"所议之事是真正的社区之事；四是所有议事结果须得到有效执行与监督。

（三）重视农村社区精英作用，改善供给机制

根据调查显示，在某些地区社区精英比基层领导更有影响力，在区域内发挥着极其重要的作用。因此，重视农村社区精英的作用，不仅可以改善"村民自治"与"一事一议"的决策机制，更能通过社区精英的影响调动本区域、本村居民的积极性，更能动用其社会资本，丰富政府主导供给外的基本公共服务供给机制。

三、财政体制保障机制

在实证研究过程中，我们发现，财政保障民生的能力在增强，但我们还无法识别这种能力增强是源于内在机制还是外在压力，如果源于外在压力且在压力减弱的情况下，财政保障民生的资源分配比例也就越来越小，基本公共服务的供给水平也就随之减弱，在单一绩效考核目标下，有时甚至会牺牲居民在公共服务方面的正当利益。因此，财政要在基本公共服务供给中发挥其主导作用，我们应在总结现有改革成功做法的基础上，构建"中央—省—市（县）"三级财政架构，以"一级政权、一级事权、一级财权"的原则，形成财、事相对合理的制度安排，并辅以由上而下的转移支付制度来确保事权履行的财力保障，而事权的财力保障将有力巩固政府在农村基本公共服务中的主导地位，体现政府的角色意识和政府责任。

（一）改变单一的政府政绩考核模式

要充分利用建立服务型政府的良好时机，改变 GDP 为核心的单一考核模式，引入多维、多重经济和社会发展情况指标，将地方政府间的竞争逐步过渡到公共服务竞争的良性轨道上来。或许有人质疑这项政策的实质意义，认为我国如果抛弃 GDP 的考核模式，地方政府间的竞争将进入"无为"阶段。笔者认为，尽管 GDP 在国外也会作为考核政府绩效的指标之一，但其重点则在于通过自由迁徙来激励地方政府改善公共服务。我国缺

乏这样的机制，但可以在政绩考核指标体系中加入服务性公共服务的内容，变经济发展绩效的单维评价为经济发展与公共服务改善的双目标驱动，鼓励地方政府在公共服务方面开展合作竞争。

（二）健全分权体制，建立一套协调政府之间目标行为的机制

近年来，我国在财政体制上多次调整，强化了中央宏观调控的能力，对于如何进一步明确与地方政府间的财政划分，理论界存在多种争论，但如果单从财政分权与社会性公共服务的关系角度来看，应该降低财政分权度，由中央政府在社会性公共服务方面发挥更大的协调与权威作用，保障全国社会性公共服务供给的均等化实现。同时，我们也观察到北京、天津、江苏、浙江、广东的社会性公共服务水平较高，其原因既有来自经济贡献，也有源于上级政府官员的直接考察。因此，就这一层含义来看，单纯降低财政分权度也不是唯一路径，更重要的是在发展经济的同时，建立一套协调上级政府与地方政府尤其是中央政府与地方政府行为的激励机制，促使地方决策更多考虑农村居民的偏好。

（三）因地制宜，推行与完善"省管县"体制

"省管县"财政体制是目前财政体制改革领域内一项非常重要的制度，笔者通过博弈论发现，其在不同地区对基本公共服务改善的效果并不一致。因此，我们认为，首先，要协调各博弈行为主体的利益目标，控制地方政府的利益异化与转移，建立"公共服务利益相关"为基础的政府治理结构，使更多的利益相关者参与到公共服务供给中来，形成对地方政府的制衡。其次，加大对地方政府的监管力度，"省直管"财政体制改革确实增强了地方发展经济的能力。但是，缺乏监督的经济能力成长有可能酿成包括服务性公共服务供给不足在内的其他恶果，因此，有必要在现有改革的基础上强化对地方政府尤其是县级政府的全面监管。最后，要因地制宜，推动与完善"省管县"财政体制，实践证明，"一刀切"的制度模式对于农村基本公共服务的改善是有害的。因此，我们可以根据经济发展水平、历史因素、财力保障能力情况、基本公共服务状况等因素决定如何推进"省管县"财政体制，在经济发展水平较高、财力保障水平较高地区，可以灵活选择；而在经济欠发达地区，可以考虑较为彻底的"省管县"财政体制，实现经济发展与基本公共服务改善的双向目标；在经济更为困难的县，则可以保留现有体制。

农村基本公共服务供给水平、供给类型是动态变化的，与之相适应的体制机制也是变化调整的，没有一成不变的制度，但财政保障基本公共服务的主导作用不会改变，政府供给成为农村基本公共服务供给中一种最基本的机制，而在这种基本机制作用的过程中，财政保障机制要注意与其他供给机制的协调和配合，区分财政保障机制主要是保障公众最基本的生存权与发展权的基本公共服务，引导和规范其他参与供给机制。

第八章　乡村战略下农村基本公共服务保障机制的研究总结、建议与展望

第一节　农村基本公共服务保障机制的研究总结

本书研究的逻辑起点在于农村基本公共服务，终点在于财政保障机制的构建与政策设计，由理论阐述、实证分析与政策设计三部分构成。

在理论阐述部分，主要试图回答农村基本公共服务与社会福利水平之间的关系、财政保障农村基本公共服务的基本逻辑、财政保障机制与农村基本公共服务间的关系三个问题。笔者认为，居民收入差距的扩大影响了居民对政府社会福利改善的感受力，而差距扩大中包含了基本公共服务方面的差距；同时，政府基本公共服务的改善有利于提升居民的纳税遵从，有利于推进服务型政府建设。财政保障基本公共服务不仅是财政的天然属性使然，也是现代政府的重要职责与我国未来经济增长的需要。从机制来看，财政保障机制包括收入保障机制、投入决策保障机制与财政体制机制保障机制。在实证部分，主要围绕收入保障机制、投入决策机制、财政体制保障机制三种机制与基本公共服务间的关系展开。在收入保障机制中，主要从支出角度与收入角度进行了实证分析，其中，在支出方面，主要分析了农村基本公共服务与农户税费遵从、基本公共服务与经济增长、基本公共服务财政支出绩效评价等问题；在收入方面，重点分析了资金项目申报中的恶意行为、农村基本公共服务投入的最优规模、转移支付与基本公共服务。实证发现，形成良性的收入保障机制，一方面要注重支出结构改善、转变政府绩效考核方式、强化财政支出绩效考核；另一方面要重新设计转移支付制度、共同参与制定财政预算等。在投入决策机制中，重点从影响投入决策的农户微观因素、财政投入的宏观因素及农村公共精神培养三方面进行实地调查与研究，发现现有制度运行之所以存在问题，与农户自身、一事一议的不完善及公共精神缺失存在较大关联。在财政体制机制研究中，重点分析了财政分权与基本公共服务间关系，同时运用博弈分析方法对我国"省管县"财政体制改革中的资金分配问题进行了模拟分析，探讨了各利益方尤其是县级政府在"省管县"财政体制改革中推进农村基本公共服务的表现。

政策设计部分主要从总体框架与具体政策设计两方面展开，研究中根据现有成果，

从个体需求角度探讨了财政保障农村基本公共服务的类型及基本的指导原则；从收入机制、投入决策机制、财政体制机制三方面依据实证发现进行了政策设计。同时，还选择了江西三地不同管理模式下的农村基本公共服务状况。研究重点在于通过多样性的研究方法探索农村基本公共服务财政保障的有效机制，改善我国农村基本公共服务供给状况，提升农村居民的自我认同与对社会的认同程度，为构建和谐社会奠定坚实基础。

本书的主要观点包括：第一，财政保障农村基本公共服务的逻辑起点在于社会公平，重点解决目前农村社会的基本公共服务供给性短缺，实现基层政府社会服务功能。第二，农村基本公共服务需求是动态的，财政保障机制也是适应这种变动而变动的，其适应与调整的速度反映了政府功能转换的成功程度。第三，财政保障机制是动态的，也是系统的，而且系统是开放的，财政保障机制的创新程度取决于系统的开放程度。第四，财政保障机制的主要功能在于，在农村基本公共服务实现过程中通过财政吸取资源、决策投入资源、分配管理资源等活动，引导其他主体以多种方式进入公共服务供给领域，共同构建农村基本公共服务的供给力量，实现供给机制创新。

本书创新主要体现在以下两方面：第一，保障机制与政治责任及公共精神培育。寻求财政保障机制的财政收入、财政投入决策、财政体制机制三种机制来实现基层政府的政治责任与培育农村公共精神。第二，基层官员的被强制行为转变为自觉行动。在增强互信的基础上，通过上述三种机制的纠正与重新设计，使基层政府官员在政府转型过程中为农民提供基本公共服务逐步变为一种自觉行动。

（1）我国农村公共服务财政政策促进了农村地区的公共文化繁荣。近五年来文化产业保持着 13% 以上的年增长率，文化事业发展繁荣，农村公共服务建设成果十分丰富，具体体现在，首先，农村公共服务相关政策逐步完善。党的十六届五中全会提出"公共服务"的概念，党的十八大报告中提出重点文化惠民工程，2017 年党的十九大上明确提出了乡村振兴战略，要求健全农村公共服务体系；其次，农村公共文化基础设施建设深入推进。2017 年，我国公共文化领域的计划总投资已经超过了 8000 亿元，我国公共服务领域的总投资额逐年增加，农村公共服务的相关基础设施建设投资也在不断加大。其中每万人拥有的公共图书馆设施面积已经超过了 90 平方米，乡镇一级的文化站超过 41000 个（其中综合类文化站达到了 35629 个）。目前，我国农村基本上形成了基层公共图书馆和乡镇综合文化站为一体的设施网络体系，为完善我国农村的公共服务奠定了坚实基础。最后，农村公共服务水平有所提升。据统计，目前全国公共文化机构相关从业人员的规模已经超过了 15 万人，保证了农村基本公共服务的人员配置，特别是其中人员结构得到了较大改善。公共服务的资源也逐渐丰富，由于基层文化惠民工程的开展，大量的馆藏以及电子设备覆盖到了县级乃至乡镇的公共文化设施内，农村公共服务水平得到了明显提升。

（2）我国农村公共服务财政政策目前仍然存在问题需要改进。我国农村公共服务财政政策已经初步形成完整的体系，覆盖到了农村公共服务的各个领域，但仍存在一些亟须改进的问题，如农村公共服务财政支出规模偏低、总量不足、财政支出结构不合理、转移支付制度不够完善、财政资金使用效率不高、财政政策与需求不匹配、税收优惠力度不够等。其中，我国农村公共服务财政政策存在着财政投入规模较低、总量不足的问题。第一，我国在公共服务领域的财政支出近年来不断增加，规模不断扩大，但是整体投入规模仍然较低，与同时期的财政总支出相比，其所占比例太低，而且全国文化事业费的总体规模较低，农村公共服务领域的占比更少。在与我国现阶段的农村公共服务需求比较后发现，现有的农村公共服务的财政投入规模远不能达到要求，存在较大资金缺口，导致相关人员配置、基础设施建设都存在缺失问题。第二，农村公共服务财政资金的配置效率还有待提升，目前财政资金使用上既存在资金过剩的问题又存在资金不足问题，而且现有规模下的财政投入未能得到有效配置，造成了资金的闲置和浪费。第三，我国农村公共文化财政支出结构不合理，主要表现在财政支出城乡差距明显，财政支出上的区域差距较大，财政支出在区域内部存在结构不合理的现象，财政支出的具体内容不合理现象。第四，我国农村公共服务财政政策与需求不匹配，农民一定程度上还处于"被动"接受农村公共文化产品和服务的状况，由于部分公共服务建设项目沦为地方政府的"政绩"，并不能真实反映农民的精神文化需求，造成农村公共服务供给和需求的不匹配。因此，有必要分析农民对于农村公共服务财政政策的需求优先序情况。

（3）我国农村公共服务财政政策绩效呈明显波动上升趋势，整体绩效水平不高。为了验证农村公共服务已经实施的财政政策效果如何，特别是已经进行了大量投入的财政资金能否保持高效率运转。通过运用 DEA 模型，从已经实施的财政政策情况出发，将其投入情况划分为：直接补贴、间接补贴、政府购买、以奖代补、人力资本等，在此基础上重点考察了农村公共服务领域的文化设施、文化产品和文化服务中的主要产出指标。利用我国 2011—2016 年省级面板数据，构建了一个多投入多产出的指标体系，对农村公共服务的财政政策进行绩效评价，并得出了一些基本结论。实证结果表明，农村公共服务财政政策实施绩效呈明显的波动上升趋势，但整体绩效水平还远未能达到有效状态，主要受限于现有财政支出规模不足。此外，还发现财政政策绩效存在明显的空间差异性，部分经济发达地区的财政政策绩效水平已经接近有效状态（有些年份已经达到了有效状态，6 年平均绩效水平基本上在 0.98 以上），而有些西部欠发达地区的绩效水平还处于 0.6 左右（其中最低的省份 6 年平均绩效水平仅为 0.552），说明财政政策的供给还存在区域间不均衡的现象，财政政策的供给能力还未能达到满足农民精神文化需求的水平。

（4）农民对于农村公共服务财政政策支持项目存在明显的需求优先序。本书基于江西省 16 个县下 32 个村的 543 份有效农民问卷调查数据，对农村公共服务财政政策需求优先序进行实证分析，同时运用了首选决定法、加权频数法和聚类分析法，分别从全样本视角、受访者居住地差异性视角、年均个人可支配收入水平差异性视角展开了异质性分析讨论。通过对比不同视角下的农村公共服务财政政策需求优先序结果，发现无论是基于全样本视角，还是受访者居住地差异性视角和年均个人可支配收入水平差异性视角下的异质性分析，农民对 15 项农村公共服务财政政策支持项目需求最为迫切的一类是：乡镇综合文化站、乡村歌舞比赛、村组文艺汇演和乡村文化人才建设；需求较为迫切的一类项目主要有：流动舞台车演出、送书下乡、送电影下乡、文化广场和乒乓球室；而需求迫切度较低的一类项目是：博物馆、乡镇图书室、村组读书会的建设、农民技能培训学校、文物展览的设立以及篮球场的建设。同时，平原地区和丘陵地区农民需求度最为迫切的财政政策项目为乡村文化人才建设，而山区农民需求度最为迫切的财政政策项目为乡镇综合文化站项目。此外，低收入群体的受访农民对于农村公共服务项目的需求迫切度最高的为乡村歌舞比赛，中等收入群体的受访农民对于农村公共服务项目的需求迫切度最高的为乡村文化人才建设，而高收入群体的受访农民对于农村公共服务项目的需求迫切度最高的为村组文艺汇演。

因此，政府在制定农村公共服务供给的财政政策时，不仅要考虑整体的农民需求迫切度情况，而且应认真考虑不同地形特征和不同收入水平差异下农民最为迫切需求的农村公共服务项目。要充分尊重不同地区的实际经济发展水平和农民的真实诉求，不应采用"一刀切"的政策，而应因地制宜地对农村公共服务项目进行供给。

（5）农村公共服务财政政策的执行协商能够正向影响政策满意度评价。本书分析了农村公共服务财政政策实施过程中的执行协商对受访者的政策满意度评价的影响，使用有序 probit 模型和基于内生性问题考虑的双变量有序 probit 模型进行回归分析。研究发现，农村公共服务财政政策的执行协商能够显著性地正向影响受访者对农村公共服务财政政策的满意度评价。

此外，在分析其他可能影响满意度评价的因素后发现，受访者个体层面特征的性别因素、受教育程度和村财务知晓度会显著性地影响受访者的政策满意度。首先，女性由于更长时间居住在农村地区，导致个人的政策满意度评价会低于男性；其次，文化程度更高的受访者对于农村公共服务财政政策满意度评价更低；最后，对村财务知晓度越高的受访者对于农村公共服务财政政策满意度评价越高，这也要求村干部在落实基层工作时应加大财务透明度，增加政府工作公信力。

受访者所在村的外部环境变量中，受访者所在村为乡政府所在地时政策满意度评价更高。另外，认定为贫困村的受访者和经济发展程度越高的村庄受访者对于农村公共服务财政政策满意度评价越高，这也从侧面要求各级政府应当大力实施乡村振兴战略，努力提升乡村经济发展水平，完成贫困地区农民的脱贫问题，提升农民的生活幸福感和政策满意度评价。最后，农村公共服务财政政策的宣传力度对受访者的政策满意度评价是高度的正向作用关系，这就要求基层工作人员在落实农村公共服务财政政策时应提前做好宣传工作，使更多村民意识到这样一项惠民政策的好处，积极主动加强与村民的协商沟通，逐步落实农村公共服务财政政策，真正改善农民的生活水平和质量，有效提升农民幸福指数，为乡村振兴战略做出应有的贡献。

第二节　我国农村公共服务建设财政政策的优化建议

一、加大农村公共服务建设的财政投入力度

加大财政投入力度是农村公共服务有效供给的关键所在，也是目前我国农村公共服务建设面临的难题之一。财政投入的规模大小、财政投入机制完善和财政投入资金可持续性等方面都需要重点关注，根据实证部分研究结论以及当前我国农村公共服务建设现状，本章从以下几点来阐述加大财政投入力度的建议。

（一）保障农村公共服务财政投入的稳健增长

（1）增加公共文化财政预算。增加文化财政投入预算总量的途径主要有两点：一是中央政府加大资金投入力度，提升文化事业费财政支出比；二是地方政府依法将公共文化建设纳入地方财政预算，并且确保合适增幅。随着我国经济的发展，全社会早意识到增加文化财政投入预算的重要性，近年来出台的有关公共服务的新法律都明确指出文化经费要纳入政府预算。如 2017 年 3 月实施的《中华人民共和国公共文化服务保障法》明确规定国务院和地方各级人民政府将公共服务经费纳入本级预算；2018 年 1 月实施的《中华人民共和国公共图书馆法》明确指出县级以上人民政府应当加大对公共图书馆投入，所需经费列入本级政府预算，及时、足额拨付。上述法律规范就增加公共文化投入并将其纳入财政预算做了强制性规定，在督促扭转许多中西部基层政府未将公共服务纳入政府预算现状方面具有重大意义，有利于实现公共服务均等化，推进乡村振兴战略的顺利实施。

（2）健全资金多元投入机制。政府财政投入是农村公共服务的主要资金来源，但并不是唯一来源，加上各级政府财力相对有限，因此，在发挥政府财政投入主导力量的同时应根据市场经济发展规律，积极拓展资金渠道，健全公共服务的资金多元投入机制，形成"政府主导、社会参与、市场运作、群众受益"的发展格局。通过项目补贴、以奖代补、定向资助、政府购买、贷款贴息、发行债券、设立文化产业投资基金等多种方式，发挥财政资金"四两拨千斤"的作用，鼓励、支持、引导社会各界、民间团体、公民个人参与公共文化事业，实现农村公共服务社会化、市场化。为此，政府应放宽对农村文化市场投入的准入条件，消除非政府组织投入的体制性障碍，完善文化市场法律制度，

并在政策、税收、征地等方面给予优惠，吸引社会资本通过投资、集资、捐资、赞助等形式兴办农村公共文化事业。此外，乡镇也应积极挖掘地方特色文化资源，大力发展地方特色文化产业，通过特色演出和特色文化旅游等项目增加财政收入，这样也可以自行解决部分公共服务所需的资金，缓解农村公共文化资金不足的问题。目前，国内这方面的案例有很多，如公司运作政府买单（如成都"公共服务超市"、烟台的"公益文化项目推介会"等）、民间社会力量兴办公益文化事业（如民营博物馆）等。

积极落实 PPP 模式项目，PPP（Public-Private-Partnership）是公共部门与私人企业伙伴关系模式，通过 PPP 供给模式，使公共部门从"养人办事"向"花钱办事"转变，利用市场机制，发挥市场作用，创新现代财政实践，从而更好地为农民群众提供公共服务。

（二）完善农村公共服务财政投入机制

（1）建立科学的财政投入体系。财政投入要充分考虑人口、经济发展水平、需求状况等因素，建立科学的财政投入指标体系。一方面，改变传统的按照行政区划进行资源配置，根据人口数量、结构以及流向等有选择性地安排农村公共服务财政投入。如果地区人口逐渐下降，则应减少硬件设施投入，增加文化服务和活动的投入；反之，则应增加农村公共文化设施投入。另一方面，根据农民需求变化建立动态弹性投入机制。针对不同区域公共文化需求的差异，着重考虑乡村振兴战略背景下农民公共文化需求的变化，针对性提供相应的公共文化设施和服务。比如，在农村地区，人们会根据地方特有的文化偏好组织开展形式多样的文化活动，如舞龙灯、火把节等具有地方特色的文化活动对当地居民更有吸引力，农民的感知和认可度更高，但相比图书馆等，这些活动的财政投入相对有限，因此，应考虑财政资金投向那些农民认可度高的、具有地方特色的农村公共文化活动，激励更多农民参与进来，并激活农村公共文化的内在活力。

（2）合理划分各级政府文化服务事权。分税制改革后，财权主要集中于中央，事权却集中于县、乡政府。在农村公共服务建设中，基层政府是农村公共文化产品供给的主体，然而由于基层政府财力有限，用于文化建设经费的缺口不断增大。尽管中央财政已逐年增加对农村公共服务建设的投入，但依旧不足。根据公共财政"事权与支出责任相对称"的原则，科学界定各级政府之间的投入责任：第一，明确政府文化支出责任。明确各级政府的文化支出责任，并根据支出的责任合理确定各级政府应承担的比例，避免在支出责任上"踢皮球"现象，减少地方政府与中央政府逆向博弈行为。中央原则上负责对涉及国家文化安全和核心价值体系建设等主要领域的重大文化项目的投入，省级政府负责全省范围内的重要文化项目的投入，确保中央和省级政府在农村公共文化建设投入的职责明确，分工合理，适当上移农村公共服务的支出责任，建立各级政府支出责任的动态调节机制和分担机制。第二，明确政府文化事权。农村公共服务建设属于地方事权，县乡两级政府应积极履行本地公共服务职能。科学划定各级政府的文化事权，比如，市级政府负责公共文化政策制定，科学配置财政资源；区县级政府负责政策的执行，实现对区县的公共文化事务的管理；乡镇政府负责公共服务的提供。具体而言，县和县以下公共图书馆、文化馆（站）、博物馆、互联网信息资源等公共服务设施建设具有基础性、普遍性特征，且易于量化，应以中央财政投入为主，地方财政配合；而农村节庆文化活动、农村戏曲班社、文化人才培养等公共文化产品和服务的提供具有明显的多样性和地域性特征，应以地方财政投入为主，中央财政予以补助或奖励。在构建农村公共文化机构财政保障机制过程中，中央财政还要重点抓住中西部地区农村文化建设的薄弱环节，贯彻均等化目标，努力实现东西部地区和城乡基本公共文化产品供给的相对均衡。省级财政也应按照这个原则，逐步实现本行政区域内的均衡发展。

（三）确保农村公共服务财政投入可持续性

可持续性的财政投入机制是农村公共文化设施、产品和服务作用发挥的保障。要摆脱"一竿子买卖""一次投入终身受益"的思维，在建设农村公共文化设施、产品或服务时，不仅要内容、品种丰富，还要保证有充足的人员进行维护，使用存续期间的服务不能间断，并适时调整相应的文化产品或服务供给。

（1）建立健全农村公共服务可持续发展的资金保障机制。一是要明确政府在农村公共服务建设资金投入上的主体责任和各级政府的分担比例，建立资金投入的长效机制。二是持续加大对农村公共文化工作人员选拔、培养和使用的支持力度。明确县乡公共文化机构的人员编制标准，逐步实行从业资格制度，注重发挥民间文化人才的积极作用，建立一支扎根基层、服务群众的专兼职相结合的农村公共服务队伍。三是持续增加现代信息技术的支持力度。要充分发挥现代信息技术对农村公共服务建设的促进作用，推进文化共享工程、数字图书馆、数字文化馆建设，构建农村公共数字文化服务体系。

（2）建立文化基础设施建设、维修维护财政投入长效机制。以乡镇文化中心为建设原点，覆盖全国所有农村，由国家宣传、文化部门根据各省标准综合确定最低建设面积、基本功能布局。财政部门根据财力可能和全国实际情况确定设施建设的最低补助标准和设施维护的最低维修维护成本，并确定各级财政在资金筹集中的承担比例。建设资金采用中央财政以奖代补方式，由各省申报，确保"建成一个、补助一个"；维修维护补助资金采用按承担比例下压一年的方式拨付。同时，对已完成文化基础设施建设的乡镇，划拨正常运行及开展文化活动必备的器材设备，如书刊、桌椅、电脑、音响及相关设备等的购买和维护费用。财政部门确定最低补助标准及各级财政在资金筹集中的承担比例。

二、调整和优化农村公共服务建设的财政支出结构

在增加农村公共服务财政投入的基础上，不断调整和优化农村公共服务建设的财政支出结构，以便更好地解决农村公共服务财政支出结构失衡问题，进而实现农村公共服

务供给和需求有效对接。

（一）调整和优化公共服务财政支出城乡结构

在乡村振兴战略的引领下，加大各级政府对农村公共服务的支持力度，缩小城乡公共服务水平的差距。提高"两个比重"：第一个比重是公共服务支出中农村公共服务支出占比。当前，农村公共服务支出占公共文化支出比重在30%左右，远不能满足农村公共服务的需要。为此，在提升农村公共服务投入绝对量的同时，不断提高农村公共服务投入占比，力争达到40%，主要是解决公共服务供给城乡失衡问题，从而有效避免城市快速发展过程中对农村的资源虹吸效应，加快城乡公共文化一体化发展。第二个比重是财政总支出中公共文化支出占比。逐步增加公共服务支出的相对量，达到第九个五年计划之前0.5%的水平上。此外，还应确保"一个高于"，即确保农村公共服务财政支出增速要高于同期财政收入增幅。

（二）调整和优化农村公共服务财政支出区域结构

优化地域支出结构，继续加大对中西部地区、贫困地区的文化投入力度，缩小地区差异，改变"重经济、轻文化、重城市、轻农村"的不均衡发展思路，强调基本保障的"托底""均等化"原则，保障必要的公共资源支撑。加大财政投入，增加对经济落后地区农村公共文化建设的资金扶持力度，根据实际合理配置公共文化资源，重点向革命老区、边远地区、贫困地区和少数民族聚集区的农村公共文化建设倾斜，缩小区域间农村公共文化发展的差距，实现基本公共服务均等化。比如，欠发达、边远地区的农家书屋、乡村文化中心、贫困县的公共图书馆等，是财政投入应优先考虑的支持对象。越是经济落后、交通不便地方的公共服务项目，越要考虑实实在在地纳入"文化下乡"的覆盖面。《中央补助地方农村文化建设专项资金管理暂行办法》（2013）确立了中央财政对东、中、西部地区的20%、50%、80%的补助标准，但未涵盖到公共文化所有领域。《中共中央 国务院关于打赢脱贫攻坚战的决定》（2015）也提出，要落实取消国家在贫困地区安排的公益性建设项目对基层政府的配套资金政策要求，并加大中央和省级财政投资补助比例。《基本公共服务领域中央与地方共同财政事权和支出责任划分改革方案》（2018）则根据地方财力分五档确定中央与地方分担比例，相比原来的东中西划分方法，更加细化和科学。

（三）调整和优化农村公共服务财政支出项目结构

地方政府在农村公共服务领域会产生明显的区域竞争行为，会将大量财政资金用于形象工程建设，对于较为普遍的基本公共服务内容（乡村文化站、图书室、文娱活动等）投入的资金较少，造成财政支出结构失衡。要优化硬软投入结构，克服公共文化投入长期重硬偏软的倾向，减少与农村公共服务有关的形象工程项目建设，"因地制宜"根据农村公共服务项目的优先序进行财政支持。

（1）减少行政管理经费支出。目前，国家在农村公共服务领域的财政投入主要用于人员、机构和设备上，重硬件建设轻软件服务，重形式轻实质。人员配备、机构设置和设备购买可以显著改善农村公共服务建设的表象，而且可以解决基层组织的部分行政编制问题和财政供养难题，过分注重上述内容，忽视农村公共服务的内容推广，导致人浮于事、机构臃肿。因此，应进一步减少农村公共服务中的行政管理经费支出，提高相关服务人员的工作效率。

（2）加大急需的公共服务项目支出。当前来说，主要是注重惠及面广、受益群体大的基础公共文化设施的建设投入；支持优秀传统文化保护与传承，增加对国家重大文化和自然遗产地、重点文物保护单位、非物质文化遗产保护投入，加大对革命文物、红色旅游和少数民族特色文化保护力度，弘扬中华优秀传统文化；注重支持利用和盘活已经存在的农村公共文化设施和产品；加大农村公共服务人才建设的支出力度，注重对乡村艺人的资助和扶持，挖掘和培养一批乡村本土文化人才；加强对文化产品创作生产的引导，设立农村文化发展基金，发挥有关文化基金的作用，面向全社会文化机构和个人择优进行资助，支持乡村优秀作品创作和文化人才培养；加强农村公共数字文化建设；对乡村文化能人在传播优秀传统、特色文化以及主流意识形态文化方面给予相应的政策扶持，比如，通过立项申请的形式给相关活动以项目经费支持，通过财政扶持和专项资助，鼓励其创造和传播更多公共文化，打造成农村公共文化建设的中流砥柱。

（3）引导和支持"互联网＋"。农村群众居住分散、交通不便，惠民服务进村入户较困难。"互联网＋"模式将诸多资源融合联通，为打通公共服务"最后一公里"提供了良好机遇和条件。当前，互联网等现代信息技术的快速发展，不仅极大地改变着文化产品和服务的内容、形式和载体，催生新的文化业态，而且带来数字化、智能化、及时性的文化传播方式，扩展着文化的传播边界。要采用互联网技术丰富农村公共服务的内容和形式，构建技术先进、传输快捷、覆盖广泛的文化网络传播平台，建立适合农村特点的公共数字文化服务体系，提升农村公共服务的信息化水平。如江西赣州开展农家书屋"1＋X"暨村级综合为民服务活动，以及"互联网＋农家书屋＋电商"特色活动，实行一站式网上便民服务。

三、完善农村公共服务建设的财政转移支付体系

1994年以来，我国逐步建立的中央对地方财政转移支付制度在推动不同区域基本公共服务均等化方面发挥了重要作用，为更好地实现公共服务水平均等化目标，我国应积极改革和完善文化财政转移支付制度。

（一）加大一般转移支付力度

一般转移支付的作用主要在缩小地区之间公共服务能力差距，实现公共文化建设均等化的目标，专项转移支付只是作为解决特定问题的工具，主要起辅助性作用，具有机

动灵活的特征。要科学设置、合理搭配两种转移支付制度，发挥各自的长处，实现地方政府财力与事权的大致匹配。科学划分各级政府支出责任，基本实现地方事务有其对应的收入来源，不足之处由中央转移支付划拨；中央委托事务，要通过专项转移支付足额安排相应资金；中央地方共同事务，要合理进行负担比例划分。为更好地实现地方事务有足额的经费，要适时增加一般性转移支付比例，建立健全中央对地方转移支付稳定增长机制，弥补地方基层政府开展各类农村文化惠民工程所产生的资金缺口。

此外，文化专项转移支付资金的安排，要充分考虑地区实际文化需求，改变"由上而下"的传统做法，以现实需要为资金安排的基础，着重选择文化发展相对落后的地区和最迫切需要解决的困难，设立文化专项资金预备项目库，确定优先发展项目。

（二）建立横向转移支付制度

相较纵向转移支付，横向转移支付对解决地区发展不均衡问题更加有效。

东部地区、城市经济发展速度快，财政收入总量大，基础设施较好；中西部地区、农村地区经济发展缓慢，财政收支矛盾尖锐，通过横向转移支付制度可以促进社会和谐发展，缩小东中西部地区、城乡间的财力差距，实现公共服务均等化。为有效解决农村公共文化建设的资金瓶颈，根据各地区的实际财力，采取"一对一"的方式，由财力强的地区拿出部分财政收入"捐给"财力弱的地区，由城市向农村转移，以弥补纵向转移支付的不足，建立科学合理的以纵向转移支付为主、横向转移支付为辅的纵横交错的财政转移支付制度，促进区域间协调发展，推进和谐社会建设。目前，我国现行财政体制下，没有相应的法律制度对横向转移支付进行明确规定，但实际上形成了一种以"对口支援"为主的非制度化的横向转移支付体系，鼓励经济发达地区对经济落后地区的公共文化事业展开对口支援。加大对经济落后地区的公共文化基础设施建设、产业开发、人才培养等方面的支援力度，对口支援应立足合作开发、优势互补、互惠互利。

（三）建立健全激励和约束双重机制

充分发挥财政转移支付制度的政策效应，建立与之相配套的激励和约束双重机制，实施转移支付制度的全程监控，有效促进基本公共服务均等化。监督机制主要包括两个方面，即建立考评机制和完善相关制度。一要建立绩效考评机制。构建科学的评估指标体系，全面考察和及时评价转移支付资金使用的经济社会效益。二要完善转移支付相关的政策和制度。完善财政监督体系，提升财政、审计、人大以及社会"四位一体"监督的综合效能，做到各环节信息公开，包括标准、程序以及结果等，增强财政资金使用的公开度和透明度。对于违规使用转移支付资金的行为，应给予相应的惩处。同时，要适度放权，使区县政府能够因地制宜，合理规划当地的文化发展战略以及合理配置文化资源。可结合"省直管县"试点，中央的公共文化转移支付经省级财政直接拨付到需要支持的县级行政区，以更好地杜绝截留挪用。

此外，还要建立针对性的"文化创新"和"文化创造"的激励机制。激励机制包括内在激励和外在激励以及物质激励和精神激励等，缺乏竞争的公共文化资源传统的资助方式，未能有效激励社会创新和创造。因此，规范文化财政转移支付制度，关键在于通过调动各级部门及相关工作人员的积极性来优化文化资源的配置。

四、提升农村公共服务建设财政政策绩效

从前文财政政策实施绩效评价的结论中可以看出，当前关于我国农村公共服务财政政策的评价问题研究尚未形成共识，在绩效评价指标选取上还存在争议，特别是关于如何衡量财政资金的绩效水平，不同学者之间的观点差异较大。此外，关于财政政策实施过程中的资金配置效率以及人力资本的投入评价也是重点关注问题，为提升财政政策的实施绩效，可以从以下几点展开。

（一）健全农村公共服务建设财政政策绩效评价体系

（1）构建全面系统的评价指标。从目前模式来看，主要存在两个方面的问题。一方面，农村公共文化财政支出缺乏完整的绩效评价体系，关于公共图书馆、博物馆、展览馆、美术馆等财政政策一般性支出的效果评价缺乏比较合理的评估体系。另一方面，评估主要以硬件评估为主，缺乏对服务对象满意度的评估。如对工程建设（农家书屋）效果的达标型评估，主要考虑面积、设备等硬件设施方面，对服务对象的满意度、图书借阅量等公共服务的评估不多。政府应根据公共文化需求详细制定评价指标，对各部门负责的农村公共服务的投入、质量、效率和效果进行量化测评，量化农村公共服务评价指标，应从财政投入、产出、效果三个层面设立财政支出的绩效评价指标，考核过程中可以把农民文化满意度、具体活动参与人数、具体活动在农村的文化覆盖面等数据作为参照系数，纳入考核指标体系。

（2）建立长效的评价体制。一方面，建立服务对象的评估机制，主要是针对公共服务对象诉求以及服务满意度等建立相应的指标体系。另一方面，构建动态调整机制，根据地区人口总量、农村公共文化设施、产品使用率、服务范围等进行评估，决定是否继续增加基本公共服务设施和产品投入。此外，还可以从农村公共服务本身以及相关绩效评估、长效投入等有效化机制进行考察，注重其中无形文化活动的考核指标体系建设。

（二）加强农村公共服务建设财政资金使用的配置效率

（1）公共文化财政投入项目尊重农民需求。充分考虑文化传统、人口差异和地区差异等因素，对适合的公共文化项目进行资金投入。可尝试构建一个由辖区内部需求决定的公共文化建设项目财政投入决策机制，由全体农民或农民代表对本辖区内的公共文化建设项目进行表决，提高农村公共文化建设财政投入的实际效率。本书认为应该综合考虑不同地区的特点和经济收入水平差异情况下的农民精神文化需求情况，有针对性地提

供财政支持，而且在具体实施过程中要充分考虑农民实际需求的表达，特别是农民针对不同财政政策的需求先后顺序不同的情况，进行深入了解，制定更加符合当地实际的财政政策。

同时，根据不同种类的公共服务项目，采用不同的财政资助方式。比如，对于文化基础设施建设、文化遗产的收集保护、文化市场秩序的维护等纯公共文化产品和社会力量不愿提供的产品和服务，由政府完全负担；对于文化信息工程、"2131"工程"送戏"下乡等准公共产品和社会力量不愿意提供但完全有能力提供的产品和服务，可以由政府采取出资购买的方式承担；对于如为满足农民群众基本化需求而开展的重大节庆活动、自办文化团体等，社会力量愿意提供而且能够提供的产品和服务，由政府通过奖励方式给予适当补助，以激励他们为农村公共服务建设做出更大贡献。

（2）社会组织参与发挥财政资金乘数效应。一是对服务于农村公共文化的企业和机构给予税收优惠或者奖励补贴，如企业对农村地区提供公共服务，企业在开展文化活动中广泛吸纳农民参与等，制定税收减免或财政奖助政策，积极引导城市企业下乡开展公共服务活动。二是针对农村特色的公共文化产品或者服务进行相应的财政资金支持。比如，农村地区逐渐形成的一些文化大院、文化传承者和传播者以及文化活动组织者等进行一定的奖励和补贴，积极引导和鼓励社会组织或人员更大程度地参与农村公共服务建设。三是对各类社会组织开展的公共文化活动给予相应的财政支持，特别是外部组织开展的农村公共文化传播、服务等项目，设立文化传播和服务项目基金，鼓励各类社会组织申报，申报立项并开展相应活动，给予相应的经费支持。

（3）公共文化设施共建共享提高使用效率。农村公共文化设施，要"建"，更要"用"。近年来，随着各级党委政府对公共文化事业的重视程度不断提高，对农村基层公共服务阵地建设的投入不断加大，乡镇综合文化站、图书室、文化广场、农家书屋等基础性公共服务设施也日趋完备。让人遗憾的是，这些基层公共服务设施虽然功能齐全、设施完备，要么是"铁将军"把门，要么是"门可罗雀"。原因就在于我们有些政府部门对基础设施只重视"建"，不重视"用"，经费不足、人员不足、老百姓不感兴趣等理由不一而足。因此，通过推进公共服务均等化、标准化、规范化建设，强化资金保障、制度保障、机制保障、人才保障，强化供需对接，真正实现公共服务设施的"建、管、用"三者有机结合，农村公共服务才不会成为"花架子"。

还可以考虑将有形的农村公共服务项目、产品或设施进行城乡和区域统筹，扩大城镇公共服务的服务范围，向广大周边农村地区延伸，针对相关公共服务资源进行优化配置，提高公共服务项目的使用效率。

（三）规范农村公共服务建设的财政资金管理

（1）构建财政资金下沉机制。结合"省直管县"试点，中央的公共文化转移支付经省级财政直接拨付到需要支持的县级行政区，从而有效避免财政资金被上级部门截留、克扣、挪用，保障财政资金尽可能多地投入基层。要处理好横向部门之间的关系，科学合理地划分主导和辅助部门的责任和事权，避免财权上移和事权下移现象。此外，应统筹各项资金，提高基层财政资金使用效率，比如，改变基于部门的财权划分方式，以县或乡镇为主体，对上级部门下拨资金进行整合、打包，根据具体情况进行科学决策安排，统筹安排农村公共文化资金的使用。与此同时，依托内外部监督部门，共同监督农村公共文化财政资金的使用，避免财政资金违规、低效使用等问题。

（2）加强资金内部管理机制。为提高文化资金使用效益，许多地方通过引入市场运作机制，对多样化的公共资金利用模式改革进行积极探索。有学者建议在全国行政村村级公共文化财政资金管理方面引入"四权分离"（政府出资、市场运作、乡镇搭台、农民看戏）公共资金管理利用模式，即县财政部门负责补贴资金的统筹并拥有资金的分拨权，县级文化行政部门负责项目规划并拥有资金使用的规划权，村委会负责文化活动的组织并拥有补贴资金的使用权，村民享受文化服务并拥有项目的评价权，形成财政部门、文化行政部门、乡村基层部门、乡村居民四方互相协调、互相制衡的机制，提高文化资金使用效益。如厦门市图书馆建立了托管型分馆的管理运营模式，即将基层点人员工资以及运行经费等托付给市级支中心或区级中心管理，基层服务点的场所、设备等财产所有权属于镇街或社区所有，管理使用权则交给支中心。

（3）加强农村基层管理人员的监管。农村基层管理人员是财政政策实施的最后一关，也是保证财政资金得到有效利用的最基本保障。针对目前基层管理弱化的情况，应该通过有效的监管手段保证财政政策的资金使用。通过适度提高基层管理人员的工资待遇，保障农村公共服务财政支持政策的有效落实。建立奖惩机制，积极开展农村公共服务相关财政政策执行情况考核工作，完善基层管理机制。

五、健全农村公共服务建设的财政供给决策体系

（一）实现供给主体与需求主体的协同效应

实现供给主体与需求主体的协同效应，在本书中主要是指农村公共服务财政政策的供给不仅需要满足供给侧的效用要求，还应当满足需求侧的效用要求，将二者有效结合起来，实现农村公共服务最终效用的最大化。

我国当前正大力推进供给侧结构性改革，努力提高供给端的质量和相关效率，将其运用到农村公共服务财政政策中。这本身就涵盖了以农民需求端的满意程度为实施导向，最终实现农民需求端和政府供给端的双重满意，实现供给主体和需求主体的协同效应。正如前文实证分析所提到的，通过问卷调查分析农民对农村公共服务财政政策需求优先序，从实证结果中可以看出，农民对农村公共服务财政政策需求按照迫切程度大致可分

为三类：需求最为迫切的一类是乡镇综合文化站、乡村歌舞比赛、村组文艺汇演和乡村文化人才建设；需求较为迫切的一类项目主要有流动舞台车演出、送书下乡、送电影下乡、文化广场和乒乓球室；而需求迫切度较低的一类项目是博物馆、乡镇图书室、村组读书会的建设、农民技能培训学校、文物展览的设立以及篮球场。

因此，未来政府在制定农村公共服务供给的财政政策时，应重点考虑农民需求迫切度较高的农村公共服务项目。此外，还应认真考虑不同地形特征和不同收入水平差异下的农民最为迫切需求的农村公共服务项目。要充分尊重不同地区的实际经济发展水平和农民的真实诉求，避免采用"一刀切"的政策，而是因地制宜地对农村公共服务项目进行供给，进而实现供给主体与需求主体的协同效应。

同时，我们还要将利益相关者都纳入决策主体范围，将农民、非政府组织、市场主体等参与公共服务供给相关主体都参与到决策进程中，尤其要完善农民需求表达机制。农民是农村公共文化的供给对象，他们需要什么样的文化服务在决策中应得到充分体现。

（二）提高农村公共服务财政供给质量

（1）保障农村公共文化产品质量。针对现阶段部分农村地区公共文化产品供给质量不高的情况，需要通过财政投入提供有效的资金保障措施。特别是偏远边穷地区的公共产品供给需要进一步加大财政投入，农村基本公共服务内容还需进一步完善和提高，其中诸如图书室、文化站、篮球场、乒乓球台等基本设施投入要确保。同时，根据当地经济发展水平，允许通过社会筹集资金手段支持文化产业发展，财政政策给予一定的补贴或者优惠政策。

（2）支持多样化农村公共文化产品供给。随着经济发展水平的提升，农村地区的精神文化需求日益多样化，当地农民对于传统公共文化产品的满意程度逐渐下降，针对新型公共产品或者服务的需求大大增加。政府应在了解农民需求的前提下，提高有效供给能力，利用财政支持多样化公共产品的供给，还可以通过财政优惠政策引入多主体共同参与公共产品供给，有效发挥市场化主体在农村公共服务的建设过程中的补充和辅助作用。

（三）完善农村公共服务需求主体反馈机制

在前文实证分析结果中发现，农村公共服务财政政策的执行协商能够正向影响受访农民的政策满意度评价，因此有必要完善农村公共服务财政政策执行过程中的需求主体反馈机制，即对有需求的村民提供更多的渠道和机会参与农村公共服务财政政策的执行协商交流。完善农民的反馈机制，也会让农民更加感受到政府的善意和民主执行程度，这也是一项对于比较关注"面子"的中国农民提升其对基层政府工作满意度的有效方式。

（1）运用现代信息手段，畅通公共服务需求反馈渠道。利用电话、电视、网络等通信技术、传媒技术和网络技术，畅通村民文化需求表达渠道，利用政府公共文化热线服务、政府微博微信和民意信箱等沟通平台，使农民的需求能及时传达给政府决策部门。

（2）建立需求回复制度，构建公众参与的反馈评价机制。建立需求回复制度，由专门机构和人员负责回复工作，对需求意见和反馈信息系统、及时、有效地整理并加以落实回应，切实提高服务有效性。

（3）建立健全反馈监督机制，实现政府与社会的良好合作。政府应清晰界定各自职责，加强行业自律和信息监督，实现政府和社会组织的信息公开和信息共享，优化公共文化资源的配置，保证农民需求得到正确、有效的反馈，切实保障农民群众的基本文化权益。

六、完善农村公共服务税收优惠政策

通过免税的方式鼓励社会对公共文化事业的赞助，以提高对公共服务的总体投入，已经成为世界性的文化政策趋势。作为税收优惠政策的薄弱环节，农村地区的税收优惠政策的流程应当进一步简化，将税收优惠切实覆盖到农村公共服务领域上，针对农村公共服务的相关企业和社会组织的税收优惠手段应该尽可能简便，提供"一站式"服务，通过简化税收优惠流程，使相关企业和社会组织切实感受到农村公共服务领域的税收优惠。

（一）制定农村公共服务税收优惠政策

从区域协调发展战略出发，针对农村公共服务建设的各个重要方面和环节，加强税收优惠政策的制定和完善工作，形成较为完整的政策体系。例如，可以参照西部大开发政策，专门制定针对农村公共服务的各项税收优惠政策，并可适当加大优惠力度。在进行顶层设计时，尽可能地考虑横向纵向的文化产业和行业的同步发展，考虑农村公共文化建设的实现需要采取的税收政策支持。例如，在文化场馆建设、文化传承等方面，税收政策应当考虑对各实施主体采取相应的税收优惠，以引导社会各界关注农村公共服务，投身农村公共服务建设，调动各方的积极性、主动性。

（二）扩大增值税税收优惠政策

进一步扩大增值税在相关领域的优惠政策，鼓励相关企业和社会组织参与农村公共服务建设，将增值税的优惠措施和具体手段传达到具体企业。我国公共服务体系的薄弱环节在广大中西部农村地区，应进一步扩大增值税改革在这些地区的试点范围，鼓励企业参与农村公共服务产品生产和供给，并给予参与企业必要的增值税优惠，进一步完善鼓励社会组织、机构捐赠以及兴办公益性文化事业的增值税税收优惠政策。

（三）提高所得税税收优惠政策

（1）企业所得税方面。参照西部大开发政策，专门制定针对农村公共服务建设的各项税收优惠政策，并可适当加大优惠力度，创新投资抵免、加速折旧等间接优惠方式，降低特色产业优惠门槛并拓宽优惠面，给予在农村公共服务领域投资的企业更多的政策

红利，从而吸引更多人才、资金到农村公共服务建设中。企业所得税是鼓励社会各界进行农村公共文化投资的关键税种。为鼓励企业到农村公共服务领域投资，在计算企业所得税时，放宽企业的计税工资标准，适当提高企业的税前扣除比例；完善农村公共文化投资的企业所得税前扣除制度，将亏损企业符合规定的农村公共服务投资纳入扣除范围，并加大企业直接用于农村公共服务的公益性捐赠的优惠力度，针对企业对于农村公共文化事业的捐赠行为，经过必要的审核后可以比照其他类似组织如中国教育发展基金会，进行全额或者比例扣除。

（2）个人所得税方面。个人所得税也是影响农村公共服务建设的影响因素之一，但我国在农村公共服务领域的个人所得税优惠政策少之又少。比如，可以对个人无偿提供场所、设施和资金，支持农村公共服务体系建设的，比照慈善捐赠税收优惠政策有关规定进行个人所得税税收减免。

此外，对参与农村公共服务建设的企业在土地使用税、契税和城建税等方面都给予一定的税收优惠。

七、完善农村公共服务建设的配套措施

（一）完善相关法律法规

推动地方政府不断完善地方现有的法律法规，健全农村公共服务建设相关的法律体系，为构建现代公共服务体系提供必要的法规制度支撑，切实保障公民的文化权利得到有效落实。制定配套法规规章制度，让《中华人民共和国公共文化服务保障法》规定的各项制度落到实处，把法律的有关规定落细落实，制定符合实际的农村公共服务各项政策措施，为《中华人民共和国公共文化服务保障法》的有效实施提供支撑。同时，将农村公共服务的政策法规和实践中的经验上升为国家法律，逐步实现公共文化地方立法与文化体制改革重大政策的衔接，不断提高农村公共服务领域的法治化水平。

通过国家法律法规的立法，为政府及各方参与农村公共服务提供合法性支持；加强农村公共服务地方性法规的立法工作，建立规范的农村公共文化市场，发挥市场对文化要素资源的基础配置作用；加强农村文化市场的管理，培育扶持健康文化，打击违法违规活动，创造公平健康的农村文化建设市场环境。

此外，还要进一步强化法治政府、服务型政府意识，依法履行职责，严格执法，确保农村公共服务各项工作落到实处。

（二）完善相关金融政策

乡村振兴战略涵盖农村政治、经济、文化、生态、民生等多个方面，是乡村发展水平的整体性提升，既是一项宏伟的国家战略，也是一项长期的历史任务。其中，经济发展是激发乡村全面振兴活力的基础，只有产业兴旺、百姓富裕，乡村其他各项事业发展

才能得到保障。农村公共服务建设需要建立适合"三农"特点的农村金融体系，不断创新开拓乡村投融资渠道，将金融活水源源不断地向乡村引流，更好地满足乡村振兴战略下农村公共服务补短板及可持续发展等方面的金融服务需求，把更多金融资源配置到农村公共服务建设的重点领域和薄弱环节，推动乡村全面振兴。

一方面需要发挥国家财政的积极作用，另一方面要完善政策保障体系，通过政府和社会资本合作，通过金融手段撬动社会资本更多地投入。其中，积极发挥农村地区信贷担保体系的作用，通过财政担保吸引金融和社会资本的进入，降低其准入门槛，在制定相关具体配套措施的基础上，引导金融和社会资金发挥主观能动性，扩大金融支持农村公共服务的范围。以我国农村地区的信贷担保为基础，积极引导成立农村公共服务相关专项基金，通过金融支持补足财政资金支持不到位的具体领域。引导相关领域地方债券的设立，通过不同农村公共服务的项目工程发行地方政府债券，推动相关项目工程的建设。引导商业银行加大对农村公共服务设施、文化产品生产和流通等领域的金融服务力度。

积极探索和鼓励农村公共服务体系中可与市场对接、互动部分的投融资机制和运行、管理机制的创新。比如，对"文化下乡"概念下的电影、文艺演出等，可以积极运用政府采购等与市场主体对接的机制。对文化市场、文化创意产业的发展，政府要把握的是适当推动这类市场的框架建设，构建公平的竞争环境，同时也有可能把文化艺术品市场与税收优惠政策和政策性融资对接。比如，以减税、信用担保、贴息以及以财政为支持后盾的文化产业创新基金和引导基金，打造商业性融资支持为主、政策性工具适当介入的一套对多样性的文化产业活动全覆盖的融资支持体系。

（三）加强农村公共服务人才建设

（1）增加文化推广工程投入，吸引高素质人才。高素质的人才队伍，是实现公共服务均等化的支撑。本书认为，目前我国农村公共服务的财政政策还可以加大文化推广工程投入，吸引高素质的文化人才参与。在农村公共服务供给过程中，可以聘请专业人员进行宣传推广工作，例如，高校教授针对传统文化的研究成果，可以作为财政政策支持的对象，在农村地区加以推广。同时，积极鼓励各类高校研究机构的人才向农村地区提供公共文化产品或服务，提高农民的文化素质，促使农民了解自身精神文化需求。政府在这一方面可以设置专门的文化引导基金，用于高素质人才在农村地区的公共文化活动。虽然农村地区想要留住专业性高素质人才较困难，但也可以通过柔性方式，邀请大量专家学者进行农村调查，通过各种间接方式实现人才在农村公共服务事业中的作用。

除了吸引高素质人才以各种方式提供农村公共服务外，还可以加强农村基层组织管理人员培训工作。针对图书馆、文化站等基础设施内管理人员的培训工作也可以加大支持力度，培育熟悉当地农民精神文化需求的实用性人才。

（2）充分发挥农村文化能人、文化中心户的作用。不断稳定和发展专、兼职结合的农村文化队伍，逐步提高农村文化队伍的整体素质。重视发现和培养扎根基层的乡土文化能人、非物质文化遗产项目传承人，大力营造有利于乡土人才成长的环境。通过实施三区文化人才支持计划，搭建交流平台、加强培训辅导等方式，鼓励和扶持乡土人才开展农村文化艺术、民族民间文化、文物和非物质文化遗产保护等乡土文化技能培训与传承、普及与推广，发挥他们在传统文化传承、手工技艺培训、文化遗产保护等方面的积极作用。

（3）充分发挥文化服务志愿者的作用。依托各级文化馆、公共图书馆、博物馆、纪念馆、美术馆等公共文化设施成立学雷锋志愿服务组织，组建由专家学者、艺术家、青年学生、专业技术人才、退休人员和社会各界人士组成的为农村地区提供服务的文体志愿队伍，扎实推进"春雨工程""阳光工程"等文化志愿服务项目，丰富农民精神文化生活，提高农村公共服务建设水平。

第三节　农村基本公共服务保障机制的研究展望

本书中笔者主要立足现状，写实性地探讨供给过程中涉及的收入机制、投入决策机制与财政体制机制三个主要方面。事实上，农村基本公共服务的实现是一项长期且艰巨的任务，需要引入包括政治学、社会学等学科在内的学科知识，笔者尽管努力做到在财政学研究基础上融合其他学科知识，但仍感觉与政治学、社会学的融合还存在改善和提升空间。从研究方法来看，尽管笔者在具体研究过程中采用了多种计量统计分析方法与田野调查方法，但在样本选择方面仍具有一定的局限性，未来财政保障基本公共服务的研究，不仅需要学科融合，而且需要更科学与细致的研究方法，如田野调查法及现代计量方法的应用。在具体研究主题方面，笔者主要关注机制的形成与政策设计，即针对现状应如何设计出较好的政策，但是，从基本公共服务的财政保障机制来看，财政支出的绩效评价、政府绩效的评价等应是政策设计后应关注的重点，再好的制度，如果没有良好的评价机制也会流于平庸。因此，在未来的政策研究中，应更多采用先进的研究方法对支出绩效、政府绩效进行评价。政策设计是重要方面，但政策设计是否会产生一个较好的效果则需要更进一步的模拟研究，未来农村基本公共服务财政保障机制与政策方面的研究除了要关注政策的变动与政策如何变动外，更应该关注政策变动后各方的福利变动状况。

参考文献

[1] 傅才武，陈庚，彭雷霆 . 现代公共文化服务体系建设中的财政保障标准研究 [J]. 福建论坛（人文社会科学版），2015（4）：44-51.

[2] 娄峥嵘 . 我国公共服务财政支出效率研究 [D]. 徐州：中国矿业大学，2008.

[3] 朱丽 . 泰安市农村公共文化事业投入问题研究 [D]. 泰安：山东农业大学，2009.

[4] 张建欣 . 促进我国公共文化服务体系发展的财政政策研究 [J]. 当代经济，2010（15）：110-111.

[5] 彭健 . 基本公共服务均等化视角下的财政体制优化 [J]. 财经问题研究，2010（2）：80-84.

[6] 刘德吉 . 民生类公共服务财政支出规模的影响因素研究——基于中国省级面板数据的分析 [J]. 华东理工大学学报（社会科学版），2011，26（6）：66-74，86.

[7] 邹林，方章东 . 完善农村公共文化基础设施建设保障机制 [J]. 内蒙古农业大学学报（社会科学版），2011，13（4）：54-56.

[8] 刘伟，马策 . 完善农村公共文化服务财政投入机制推进城乡公共文化服务均等化 [J]. 经济研究导刊，2013（17）：58-59.

[9] 张青 . 新常态下农村公共文化服务财政保障机制研究——基于安徽省的调研分析 [J]. 华东经济管理，2015，29（12）：166-170.

[10] 李荣华 . 江西公共文化服务保障机制初探 [J]. 老区建设，2015（18）：43-45.

[11] 杨林，许敬轩 . 公共治理视域下地方财政公共文化服务支出规模绩效评价 [J]. 东岳论丛，2016，37（3）：68-76.

[12] 马洪范，王瑞涵 . 完善农村公共文化服务体系建设的财政研究 [J]. 中国财政，2010（11）：54-55.

[13] 孔祥智，李圣军，马九杰 . 农户对公共产品需求的优先序及供给主体研究——以福建省永安市为例 [J]. 社会科学研究，2006（4）：47-51.

[14] 唐娟莉，刘春梅，朱玉春 . 农村公共服务满意度与优先序的实证分析——基于陕西省农户层面的实地调研 [J]. 华东经济管理，2011（11）：99-102.

[15] 方堃 . 农村公共服务需求偏好、结构与表达机制研究——基于我国东、中、西部及东北地区的问卷调查和统计 [J]. 农业经济与管理，2011（4）：46-53.

[16] 谢迪，吴春梅. 农村公共服务效率：机理与效应 [J]. 南京农业大学学报（社会科学版），2015（6）：23-33.